Garaşsyzlygy Görän

Anti-İnflammatuar Tariflerle Dolu Kitap

Derya Bayramova

Mazmuny

Süle ununyň krepkalarynyň bölekleri: 1 16

Goşundylar: 16

Görkezmeler: 16

Akja süýdüniň hyzmaty: 4 18

Goşundylar: 18

Görkezmeler: 18

Kiwi qulupnay süýjü porsy: 1 20

Goşundylar: 20

Görkezmeler: 20

Darçynly zygyr porsy Hyzmatlary: 4 21

Goşundylar: 21

Görkezmeler: 21

Süýji kartoşka kepjebaş ertirlik nahary barlary: 8 23

Goşundylar: 23

Görkezmeler: 23

Käbänıň ýakymly ysy bilen bişirilen süle ununyň bölekleri: 6 25

Goşundylar: 25

Görkezmeler: 26

Ysmanak we pomidoryň dogramaly ýumurtgalary: 1 27

Goşundylar: 27

Görkezmeler: 27

Tropiki käşir zynjyrynyň we zerdejik süýdüniň bölekleri: 1 29

Goşundylar: 29

Görkezmeler: 29

Darçyn vanil bilen fransuz tosty 31

Bölümler: 4 31

Goşundylar: 31

Görkezmeler: 31

Ertirlik awakado gaýyk hyzmaty: 2 33

Goşundylar: 33

Görkezmeler: 33

Türk heş bölekleri: 4 35

Goşundylar: 35

Görkezmeler: 36

Kefir we miweler bilen polat kesilen süle 37

Bölümler: 4 37

Goşundylar: 37

Peýnir we reyhan pesto bilen fantastik spagetti sogan 39

Goşundylar: 39

Görkezmeler: 39

Bagtly apelsin şetdaly ýylmanak bölekleri: 2 41

Goşundylar: 41

Görkezmeler: 41

Banan badam ýagy muffin iýmiti: 6 42

Goşundylar: 42

Görkezmeler: 42

Ertirlik naharyndan bölekler: 1 44

Goşundylar: 44

Görkezmeler: 44

Banan çöreginiň bir gijeki süle bölekleri: 3 46

Goşundylar: 46

Görkezmeler: 46

Choco Chia Banan Bowl Hyzmatlary: 3 48

Goşundylar: 48

Görkezmeler: 48

Inflamokançlyga garşy alça ysmanakly süýjülikli iýmitler: 1 50

Goşundylar: 50

Görkezmeler: 50

Ajy Şakşuka naharlary: 4 52

Goşundylar: 52

Görkezmeler: 53

5 minutlyk altyn süýdüň bölekleri: 1 55

Goşundylar: 55

Görkezmeler: 55

Ertirlik naharyndaky bölekler: 1 57

Goşundylar: 57

Görkezmeler: 57

Çöreklenmedik zerdejik çyra donuz hyzmatlary: 8 59

Goşundylar: 59

Görkezmeler: 59

Cheddar & Kale Frittata Hyzmatlary: 6 61

Goşundylar: 61

Görkezmeler: 61

Ortaýer deňziniň frittata görnüşleri: 6 63

Goşundylar: 63

Görkezmeler: 63

Garpyz darçyny we zynjyr granola porsy: 5 65

Goşundylar: 65
Görkezmeler: 66
Koriander Pancake Hyzmatlary: 6 67
Goşundylar: 67
Görkezmeler: 67
Malin greýpfrut süýdüniň bölekleri: 1 69
Goşundylar: 69
Görkezmeler: 69
Arahis ýagy granola porsy: 8 70
Goşundylar: 70
Görkezmeler: 70
Zerdejik peçiniň bölekleri ýumurtga: 6 72
Goşundylar: 72
Görkezmeler: 72
Çia we süle ertirlik kepekli porsy: 2 74
Goşundylar: 74
Görkezmeler: 74
Rhubarb Apple Plus Zinger Muffin Resept Hyzmatlary: 8 76
Goşundylar: 76
Ertirlik galla we miweler: 6 78
Goşundylar: 78
Görkezmeler: 78
Perki Paleo kartoşkasynyň we belok pudrasynyň hyzmatlary: 1 80
Goşundylar: 80
Görkezmeler: 80
Bazil porsy pomidor Brushetta: 8 82
Goşundylar: 82

Görkezmeler: 82

Kokos hyzmaty bilen darçyn krepkalary: 2 84

Goşundylar: 84

Görkezmeler: 84

Nut Blueberry Banan süle uny: 6 86

Goşundylar: 86

Görkezmeler: 87

Bişirilen losos ýumurtgasynyň tostlary: 2 88

Goşundylar: 88

Görkezmeler: 88

Çia ertirlik nahary pudingi: 2 89

Goşundylar: 89

Görkezmeler: 89

Peýnirli porsy ýumurtga: 1 90

Goşundylar: 90

Görkezmeler: 90

Tropiki jamlaryň hyzmaty: 2 92

Goşundylar: 92

Görkezmeler: 92

Tex-Meks Haş Goňur Hyzmatlary: 4 93

Goşundylar: 93

Görkezmeler: 93

Awokado we krem porsy bolan Şirataki makaron: 2 95

Goşundylar: 95

Görkezmeler: 95

Amarant porsysynyň ýakymly bölekleri: 2 97

Goşundylar: 97

Görkezmeler: 97

Krem peýnirli badam uny krepkalary: 2 99

Goşundylar: 99

Görkezmeler: 99

Türk alma ertirlik nahary bölekleri: 5 101

Goşundylar: 101

Görkezmeler: 102

Saç zygyr we kenep tohumy muffinleriniň bölekleri: 2 104

Goşundylar: 104

Görkezmeler: 105

Çeýneli gülli karam wafli Hyzmatlar: 2 106

Goşundylar: 106

Görkezmeler: 106

Ertirlik sandwiç bölekleri: 1 108

Goşundylar: 108

Görkezmeler: 108

106. Tagamly ösümlik muffinleriniň bölekleri: 5 108

Goşundylar: 108

Görkezmeler: 109

Zucchini Pancake Hyzmatlary: 8 111

Goşundylar: 111

Görkezmeler: 111

Awokado bulkalary bilen ertirlik burgerleri Hyzmatlar: 1 113

Goşundylar: 113

Görkezmeler: 113

Lezzetli peýnir we kremli ysmanak ýapraklary: 2 115

Goşundylar: 115

Görkezmeler: 115

Bir gije alma-darçynyň bölekleri: 2 117

Goşundylar: 117

Görkezmeler: 117

Ösümlik ýuwulan ýumurtga iýmiti: 4 119

Goşundylar: 119

Görkezmeler: 120

Gyzyl sogan bilen möwsümleýin brokkoli, karam we tofu 121

Goşundylar: 121

Görkezmeler: 122

Fasulye we salmon pan hyzmaty: 4 123

Goşundylar: 123

Görkezmeler: 124

Käşir çorbasy: 4 125

Goşundylar: 125

Görkezmeler: 126

Sagdyn makaron salatynyň hyzmatlary: 6 127

Goşundylar: 127

Görkezmeler: 127

Nohut köri hyzmaty: 4-den 6-a çenli 129

Goşundylar: 129

Görkezmeler: 130

Stroganoff üçin ownuk et goşundylary: 131

Görkezmeler: 131

Lezzetli gysga gapak hyzmatlary: 4 133

Goşundylar: 133

Görkezmeler: 134

Towuk we glýutsiz nahar çorbasy: 4 135

Goşundylar: 135

Enter ýüzi köri: 4 137

Goşundylar: 137

Görkezmeler: 138

Towuk we nohut bölekleri: 4 139

Goşundylar: 139

Görkezmeler: 140

Ansi badamly şireli brokkoli Hyzmatlary: 6 141

Goşundylar: 141

Görkezmeler: 141

Şiitake we ysmanak patti hyzmatlary: 8 143

Goşundylar: 143

Görkezmeler: 144

Brokkoli karam salat naharlary: 6 145

Goşundylar: 145

Görkezmeler: 146

Towuk salady, hytaý el degirmeni bilen: 3 146

Goşundylar: 147

Görkezmeler: 148

Amaranth we kwino bilen doldurylan burç bölekleri: 4 148

Goşundylar: 149

Çişik peýnir bilen örtülen balyk filetiniň bölekleri: 4 151

Goşundylar: 151

Görkezmeler: 151

Belok güýji noýbasy we ýaşyl reňkli gabyklar 153

Goşundylar: 153

Aziýa nahar salatynyň düzümi: 156
Görkezmeler: 156
Sogan we ýaşyl noýba bölekleri: 4 158
Goşundylar: 158
Görkezmeler: 158
Peýnirli towuk goşundylary: 160
Görkezmeler: 160
Gorgonzola sousy bilen Arugula Hyzmatlary: 4 162
Goşundylar: 162
Görkezmeler: 162
Kelem çorbasynyň naharlary: 6 164
Goşundylar: 164
Kelem tüwi porsy: 4 165
Goşundylar: 165
Görkezmeler: 165
Feta Frittata we ysmanak bölekleri: 4 166
Goşundylar: 166
Görkezmeler: 166
Otly towuk küýzeleri üçin maddalar: 168
Görkezmeler: 169
Grated karam bilen sarymsak karides, porsiýa: 2 169
Goşundylar: 170
Görkezmeler: 170
Brokoli tunusynyň bölekleri: 1 172
Goşundylar: 172
Görkezmeler: 172
Käşir hyzmaty bilen çörek sogan çorbasy: 4 173

Goşundylar: 173

Görkezmeler: 174

Lezzetli hindi toplary, porsiýa: 6 175

Goşundylar: 175

Görkezmeler: 175

Aç-açan gysgyçlaryň bölekleri: 4 177

Goşundylar: 177

Görkezmeler: 178

Tüwi we towuk küýzeleri: 4 179

Goşundylar: 179

Görkezmeler: 180

Bişen karides Jambalaýa Maş bölekleri: 4 182

Goşundylar: 182

Towuk çili porsy: 6 184

Goşundylar: 184

Görkezmeler: 185

Sarymsak we mekgejöwen çorbasy: 4 186

Goşundylar: 186

Klassiki Santa Fe-da gowrulan nahar we towuk 188

Goşundylar: 188

Görkezmeler: 188

Ajaýyp zynjyr-künji geýimi bilen Tilapia takoslary 190

Goşundylar: 190

Görkezmeler: 190

Karri mekgejöweniniň tagamy: 4 192

Goşundylar: 192

Görkezmeler: 192

Taýýar towuk örtükli Kale Sezar salady Hyzmatlar: 2 194

Goşundylar: 194

Görkezmeler: 195

Ysmanak salat naharlary: 1 196

Goşundylar: 196

Görkezmeler: 196

Gabykly lososyň hoz we bibariya bilen bölekleri: 6 197

Goşundylar: 197

Görkezmeler: 198

Gyzyl tahini sousy bilen bişirilen süýji kartoşka Hyzmatlary: 4 199

Goşundylar: 199

Görkezmeler: 200

Italýan nahar çorbasynyň hyzmatlary: 4 201

Goşundylar: 201

Görkezmeler: 202

Safron we losos çorbasy porsy: 4 203

Goşundylar: 203

Taý tagamly gyzgyn we turş karides we kömelek çorbasy 205

Goşundylar: 205

Görkezmeler: 206

Gün bilen guradylan pomidor bilen Orzo Goşundylar: 207

Görkezmeler: 207

Kömelek we tomzak çorbasynyň hyzmaty: 4 209

Goşundylar: 209

Görkezmeler: 209

Towuk Parmesan köftesi üçin maddalar: 211

Görkezmeler: 211

Alla Parmigiana Meýtbollar üçin maddalar: 213

Görkezmeler: 214

Altyn gök önümler bilen örtükli hindi towugy 215

Goşundylar: 215

Görkezmeler: 215

Gaýnadylan tüwi bilen kokos ýaşyl köri Hyzmatlar: 8 217

Goşundylar: 217

Görkezmeler: 217

Enter ýüzi bilen süýji kartoşka we towuk çorbasy: 6 219

Goşundylar: 219

Görkezmeler: 220

Süle ununyň krepkalarynyň bölekleri: 1

Bişirmek wagty: 10 minut

Goşundylar:

Gumurtga - 1

togalanan süle, ýer - 0,5 käse

Badam süýdü - 2 nahar çemçesi

Bişirilen soda - 0,125 çemçe

Bişirilen poroşok - 0,125 nahar çemçesi

Vanil ekstrakty - 1 çemçe

Sene pastasy - 1 nahar çemçesi

Görkezmeler:

1. Krepkalary ýasaýarkaňyz, orta otda taýak däl panany ýa-da skeleti gyzdyryň.

2. Dökülen süle blenderde ýa-da iýmit prosessorynda goýuň we inçe una öwrülýänçä impuls goýuň. Olary hamyr tozany we soda bilen çaýkap, tabaga goşuň.

3. Başga bir aşhana jamynda, ýumurtgany badam süýdü, hurma pastasy we vanil ekstrakty birleşýänçä çaýlaň. Süle ununyň garyndysyna süýji ýumurtga / badam süýdüniň garyndysyny goşuň we garmaly.

4. Gazany ýaglaň we her krepkanyň arasynda azajyk boş ýer goýup, krepkanyň içine guýuň. Krepkalaryňyzy altyn goňur we köpüräk bolýança iki-üç minut bişirmeli.

Pancake seresaplyk bilen öwüriň we beýleki tarapyny altyna çenli birnäçe minut bişirmeli.

5. Peçden krepkany aýyryň we miwäni, gatyk, kompot ýa-da Lakanto monah miweli akja şerbetini saýlap alyň.

Akja süýdüniň hyzmaty: 4

Bişirmek wagty: 20 minut

Goşundylar:

Akja tagamy, bir çaý çemçesi

Darçyn, bir çaý çemçesi

Günebakar tohumy, üç nahar çemçesi

Pekanlar, ýarym käse dogralan

Kokos çorbasy, süýjülmedik, 1/4 stakan hoz, 1/2 stakan dogralan

Süýt, badam ýa-da kokos, ýarym käse

Çia tohumy, dört nahar çemçesi

Görkezmeler:

1. Günebakar tohumlaryny, hozlary we pecanlary iýmit prosessorynda üwäň. Ora-da hozlary güýçli plastik halta salyp, sumkany bir polotensa salyp, gaty ýere goýup, hozlar döwülýänçä polotensany çekiç bilen urup bilersiňiz. Ezilen hozlary galan maddalar bilen garmaly we uly gazana guýuň.

Bu garyndyny otda otda pes otda gaýnadyň. Garyndynyň düýbüne ýapyşmazlygy üçin ýygy-ýygydan garmaly. Isleseňiz, täze miwe ýa-da darçyn sepiň.

Iýmitleniş maglumatlary:Kaloriýa 374 Karb 3,2 gram Belok 9,25 gram ýag 34.59 gr

Kiwi qulupnay süýjü porsy: 1

Bişirmek wagty: 0 minut

Goşundylar:

Kiwi, gabykly we dogralan, biri

Awertudana, täze ýa-da doňdurylan, 1/2 stakan dogralan süýt, badam ýa-da kokos, 1 käse

Bazil, ýer, bir çaý çemçesi

Zerdeçal, bir çaý çemçesi

Banan, kesilen, bir

Çia tohum tozy, çärýek käse

Görkezmeler:

1. ingredhli maddalar gowy garylandan soň derrew içiň.

Iýmitleniş maglumatlary: Kaloriýa 250 şeker 9,9 gr ýag 1 gram 34

uglewod süýümi 4,3 gr

Darçynly zygyr porsy Hyzmatlary: 4

Bişirmek wagty: 5 minut

Goşundylar:

1 çaý çemçesi darçyn

1 nahar çemçesi

1 nahar çemçesi duzlanmadyk ýag

2 nahar çemçesi zygyr nahary

2 nahar çemçesi zygyr süle

½ käse kesilen kokos

1 käse agyr krem

2 käse suw

Görkezmeler:

1. Orta gazany alyň, pes otda goýuň, ähli maddalary goşuň, garyndyny garmaly we garyndyny gaýnadyň.

2. Garyndy gaýnandan soň, gazany otdan çykaryň, gowy garmaly we dört jamyň arasynda deň bölüň.

3. Porsy biraz galyňlaşýança we hyzmat edýänçä 10 minut duruň.

Iýmitleniş maglumatlary: Kaloriýa 171, umumy ýag 16 g, uglewodlaryň umumy mukdary 6 g, belok 2 gr

Süýji kartoşka kepjebaş ertirlik nahary barlary: 8

Bişirmek wagty: 40 minut

Goşundylar:

1 ½ stakan süýji kartoşka püresi

2 nahar çemçesi kokos ýagy, eredildi

2 nahar çemçesi akja şerbeti

2 ýumurtga, öri meýdanlary ösdürilip ýetişdirildi

1 käse badam uny

1/3 käse kokos uny

1 nahar çemçesi çörek

1 stakan täze kepjebaş, dogralan we dogralan

¼ käse suw

Görkezmeler:

1. Peçini 3500F çenli gyzdyryň.

2. 9 dýuým çörek bişirilýän panany kokos ýagy bilen ýaglaň. Bir gapdala goýmak.

3. Garyşyk gaba. Süýji kartoşka püresi, suw, kokos ýagy, akja şerbeti we ýumurtga garmaly.

4. Badam ununy, kokos ununy we çörek sodasyny başga bir tabaga atyň.

5. Çygly maddalara gury maddalary kem-kemden goşuň. Ingredhli maddalary eplemek we garyşdyrmak üçin spatula ulanyň.

6. Taýýar çörek bişirilýän tabaga guýuň we üstüne kepjebaş basyň.

7. Ojakda goýuň we 40 minut bişirmeli ýa-da merkeze salnan diş düwmesi arassa çykýança bişirmeli.

8. Gazandan çykarmazdan ozal dynç alyň ýa-da sowadyň.

<u>Iýmitleniş maglumatlary:</u>Kaloriýa 98 Jemi ýag 6 g doýgun ýag 1 g Jemi uglewodlar 9 g Uglewodlar 8,5 g Belok 3 g Şeker: 7 g Süýüm: 0,5 g Natriý: 113

mg kaliý 274 mg

Käbäniň ýakymly ysy bilen bişirilen süle ununyň bölekleri: 6

Bişirmek wagty: 35 minut

Goşundylar:

togalanan süle - 1,5 käse

Badam süýdü, süýjülmedik - 0,75 käse

Gumurtga - 1

Lakanto monah miwesini süýjediji - 0,5 käse

Kädi püresi - 1 käse

Vanil ekstrakty - 1 çemçe

Pekanlar, dogralan - 0,75 käse

Bişirilen poroşok - 1 nahar çemçesi

Deňiz duzy - 0,5 çemçe

Kädi pirogynyň ýakymly ysy - 1,5 nahar çemçesi

Görkezmeler:

1. Peçini 350 gradusa çenli gyzdyryň we sekiz sany çörek bişiriň.

2. Bir tabakda, süle uny doly birleşýänçä, togalanan süle, badam süýdüne, ýumurtga we galan maddalara çaýlaň. Käbäniň ysly süle garyndysyny garylan gazana guýuň we ojagyň ortasyna goýuň.

3. Süle ununy altyna çenli bişirmeli we ýigrimi bäş-otuz minut töweregi bişirmeli. Käbäniň ýakymly ysly ýumurtgasyny peçden çykaryň we hyzmat etmezden bäş minut sowadyň. Aloneeke özi ýa-da halaýan miwe we gatyk bilen ýyly lezzet alyň.

Ysmanak we pomidoryň dogramaly ýumurtgalary: 1

Goşundylar:

1 nahar çemçesi. zeýtun ýagy

1 nahar çemçesi. dogralan täze reyhan

1 orta dogralan pomidor

¼ c. Şweýsariýaly peýnir

2 ýumurtga

½ çemçe. Keýn burç

½ c. dogralan gaplanan ysmanak

Görkezmeler:

1. Ownuk tabakda ýumurtga, reyhan, burç we Şweýsariýa peýniri bilen bulamaly.

2. Orta otda orta gowurmaly we ýagy gyzdyryň.

3. Pomidor bilen garmaly we 3 minut gowurmaly. Ysmanagy garmaly we 2 minut bişirmeli ýa-da ýuwulýança bişirmeli.

4. beatenumurtgalary döküň we 2-3 minutlap ýa-da islenýänçä urmaly.

5. Lezzet alyň.

Iýmitleniş maglumatlary:Kaloriýa: 230, ýag: 14,3 g, ugler: 8,4 g, belok: 17,9

Tropiki käşir zynjyrynyň we zerdejik süýdüniň bölekleri: 1

Bişirmek wagty: 0 minut

Goşundylar:

1 gan mämişi, gabykly we tohumly

1 uly käşir, gabykly we dogralan

½ käse doňdurylan mangon bölekleri

2/3 käse kokos suwy

1 nahar çemçesi çig kenep tohumy

¾ çemçe grated zynjyr

1 nahar çemçesi gabykly we grated zerdejik

Bir çümmük kaýen burç

Bir çümmük duz

Görkezmeler:

1. ingredhli maddalary blenderde goýuň we tekiz bolýança garmaly.

2. Hyzmat etmezden ozal sowadyň.

<u>Iýmitleniş maglumatlary:</u>Kaloriýa 259 Jemi ýag 6g doýgun ýag 0,9g Jemi uglewodlar 51g uglewodlar 40g belok 7g şeker: 34g süýüm: 11g natriý: 225mg kaliý 1319mg

Darçyn vanil bilen fransuz tosty

Bölümler: 4

Goşundylar:

½ çemçe. darçyn

3 sany uly ýumurtga

1 nahar çemçesi. vanil

8 bölek bugdaý çöregi

2 nahar çemçesi. Az ýagly süýt

Görkezmeler:

1. Ilki bilen, gazany 3500F çenli gyzdyryň.

2. Wanil, ýumurtga, süýt we darçyny ownuk gaba garmaly we süzülýänçä çaýlaň.

3. Bir tabaga ýa-da tekiz düýbüne guýuň.

4. Çöregi ýumurtga garyndysyna batyryň, iki tarapyny örtüň we gyzgyn bişirilýän kagyzyň üstünde goýuň.

5. Takmynan 2 minut bişirmeli ýa-da aşagy aç-açan gyzarýança bişirmeli, soňam agdaryp, beýleki tarapyny hem bişirmeli.

Iýmitleniş maglumatlary:Kaloriýa: 281.0, ýag: 10,8g, ugler: 37.2g, belok: 14.5g, şeker: 10g, natriý: 390mg.

Ertirlik awakado gaýyk hyzmaty: 2

Bişirmek wagty: 7 minut

Goşundylar:

2 sany awokado, ýarym we ýerleşdirilen

¼ sogan, dogralan

2 pomidor, dogralan

1 jaň burç, dogralan

2 nahar çemçesi silantro, dogralan

Dadyp görmek üçin burç

4 ýumurtga

Görkezmeler:

1. Awokadonyň etini gabyň we kesiň.

2. Bir tabaga ýerleşdiriň.

3. Mundan başga galan maddalara garmaly

4. Sowadyjyda 30 minut goýuň.

5. avumurtgany awakado derisiniň üstünden döwüň.

6. Sowadyjyny 350 derejä çenli gyzdyryň.

7. Howany 7 minut gowurmaly.

8. Awokado salsa bilen ýokarky.

Türk heş bölekleri: 4

Bişirmek wagty: 15 minut

Goşundylar:

1 funt toprak

½ çemçe guradylan kekik

1 nahar çemçesi kokos ýagy, eredildi

½ çemçe ýer darçyny

Haş üçin:

1 sary sogan, dogralan

1 nahar çemçesi kokos ýagy, eredildi

1 nahar, dogralan

½ käse kesilen käşir

2 stakan kädi, dogralan

1 alma, reňkli, gabykly we dogralan

2 käse çaga ysmanak

1 çaý çemçesi ýer zynjyry

1 çaý çemçesi ýer darçyny

½ çemçe sarymsak tozy

½ çemçe zerdejik poroşok

½ çemçe guradylan kekik

Görkezmeler:

1. Orta otda 1 nahar çemçesi kokos ýagy bilen bir tabany gyzdyryň. Kepjebaş, ½ çaý çemçesi kekir we ½ çaý çemçesi ýer darçyny goşuň. 5 minut garmaly we bişirmeli, soňra bir tabaga geçirmeli. Gazany orta ýokary otda 1 nahar çemçesi kokos ýagy bilen gyzdyryň. Sogan goşup, garmaly we 2 minut bişirmeli. Zakar, käşir, gök, alma, zynjyr, 1 çaý çemçesi darçyn, ½ goşuň

bir çaý çemçesi kekik, zerdeçal we sarymsak tozy. 3-4 garmaly we bişirmeli

minut. Eti gazana gaýtaryň, çaga ysmanak goşuň. Bile garyşdyryň we ýene 1-2 minut bişirmeli, soňra hemme zady tabaklara bölüň we ertirlik naharyna hyzmat ediň.

2. Lezzet alyň!

<u>Iýmitleniş maglumatlary:</u>kaloriýa 212, ýag 4, süýüm 6, uglewodlar 8, belok 7

Kefir we miweler bilen polat kesilen süle

Bölümler: 4

Bişirmek wagty: 30 minut

Goşundylar:

Süle üçin:

1 stakan polat kesilen süle

3 käse suw

bir çümmük duz

Tamamlamak üçin goşmaça:

täze ýa-da doňdurylan miweler / miweler

dilimlenen badam, kenep tohumy, pepita ýa-da beýleki hoz / tohum

ýakymsyz kefir, öýde / dükan satyn alyndy

dadyp görmek üçin bir damja akja şerbeti, kokos şekerine sepmek, birnäçe damja stewiýa ýa-da öz islegiňiz boýunça beýleki süýjüdiriji<u>Görkezmeler:</u>

1. Orta ýokary otda ownuk gazana süle goşuň / goýuň. Gazanda 2-3 minut bişirmeli, ýygy-ýygydan sarsdyryň.

2. Suw goşup, gaýnadyň. Peçdäki oduny peseldiň we takmynan 25 minut bişirmeli ýa-da süleň göwnüňizden turýança ýumşak bolýança goýuň. Miwe, hoz / tohum, kefir we dadyp görmek üçin halaýan süýjüdiňiz bilen hyzmat ediň. Akyldar!

Iýmitleniş maglumatlary:Kaloriýa 150 Uglewodlar: 27 g Fatag: 3 g Belok: 4 gr

Peýnir we reyhan pesto bilen fantastik spagetti sogan

Bölümler: 2

Bişirmek wagty: 35 minut

Goşundylar:

1 stakan bişirilen spagetti gök, guradylan

Duz we täze ýer gara burç, tagam üçin zeýtun ýagy

¼ käse ricotta peýniri, süýjüdir

2 unsiýa täze mozarella peýniri, kesilen

1/8 käse reyhan pesto

Görkezmeler:

1. Peçini açyň, 375 ° F edip sazlaň we gyzdyrmaly.

2. Şol wagt orta bir tabak alyň, spagetti gök we möwsüm duz we gara burç goşuň.

3. Gazana tabagyny alyň, ýag bilen ýaglaň, kädi garyndysyny goşuň, ricotta peýniri we mozarella peýniri bilen sepiň we 10-a bişirmeli

bişýänçä birnäçe minut.

4. Taýar bolanyňyzda, gazany ojakdan çykaryň, pesto bilen çalyň we derrew hyzmat ediň.

Iýmitleniş maglumatlary:Kaloriýa 169, umumy ýag 11,3 g, umumy karbalar 6,2 g, belok 11,9 g, şeker 0,1 g, natriý 217 mg

Bagtly apelsin şetdaly ýylmanak bölekleri: 2

Goşundylar:

2 c. dogralan şetdaly

2 nahar çemçesi. Süýjedilmedik gatyk

2 apelsiniň şiresi

Görkezmeler:

1. Ilki bilen şetdaly tohumlaryny we derisini aýyryň. Üstüne şetdaly böleklerini kesip alyň.

2. Dogralan şetdaly, apelsin suwuny we gatyky blenderde goýuň we tekiz bolýança garmaly.

3. Isleseňiz, süýjüligi eritmek üçin azajyk suw goşup bilersiňiz.

4. Aýna käselere guýuň we lezzet alyň!

Iýmitleniş maglumatlary:Kaloriýa: 170,: ag: 4,5 g, Karbes: 28 g, Belok: 7 g, Şeker: 23 g, Natriý: 101 mg

Banan badam ýagy muffin iýmiti: 6

Bişirmek wagty: 30 minut

Goşundylar:

Süle uny - 1 käse

Deňiz duzy - 0,25 çemçe

Darçyn, ýer - 0,5 nahar çemçesi

Bişirilen poroşok - 1 nahar çemçesi

Badam ýagy - 0,75 käse

Banan, ezilen - 1 käse

Badam süýdü, süýjülmedik - 0,5 nahar çemçesi

Wanil ekstrakty - 2 çaý çemçesi

Gsumurtga - 2

Lakanto monah miwesi süýjüdiriji - 0,25 käse

Görkezmeler:

1. Peçini 350 gradusa çenli gyzdyryň we küýze gabyny kagyz çyzgylary bilen çyzyň ýa-da isleseňiz ýaglaň.

2. Aşhana tabakda, püresi banany badam ýagy, süýjedilmedik badam süýdü, ýumurtga, vanil ekstrakty we monah miwesi süýjüdirijisi bilen çaýlaň. Süle ununy, ysly zatlary we hamyr tozanyny aýratyn aşhana gabynda garmaly. Un garyndysy doly goşulandan soň, püresi banan bilen tabaga guýuň we badam ýagy / banan garyndysyny we süle un garyndysyny birleşdirýänçä garmaly.

3. Muffin batareýasyny on iki kagyz çyzgysynyň arasynda bölüň, her küýze boşlugyny dörtden üç bölegi dolduryň. Banan badam ýagy muffin gabyny gyzgyn peçiň ortasyna goýuň we tä bişýänçä bişirmeli. Diş düwmesi merkeze salnyp, arassa aýrylanda edilýär.

Bu ýigrimi-ýigrimi bäş minut töweregi wagt almaly.

4. Hyzmat etmezden ozal banan-badam ýagy muffinlerini sowadyň we lezzet alyň.

Ertirlik naharyndan bölekler: 1

Bişirmek wagty: 0 minut;

Goşundylar:

6 nahar çemçesi organiki kottej

3 nahar çemçesi zygyr tohumy

3 nahar çemçesi zygyr ýagy

2 nahar çemçesi organiki çig badam ýagy

1 nahar çemçesi organiki kokos eti

1 nahar çemçesi çig bal

¼ käse suw

Görkezmeler:

1. ingredhli maddalary bir tabaga garmaly. Gowy birleşýänçä garmaly.

2. Hyzmat etmezden ozal bir tabaga salyň we sowadyň.

Iýmitleniş maglumatlary: Kaloriýa 632 Jemi ýag 49 g doýgun ýag 5 g Jemi uglewodlar 32 g uglewodlar 26 g belok 23 g şeker: 22 g süýüm: 6 g natriý: 265 mg kaliý 533 mg

Banan çöreginiň bir gijeki süle bölekleri: 3

Bişirmek wagty: 0 minut

Goşundylar:

¼ käse ýönekeý grek gatyk

¼ çaý çemçesi ýalpak deňiz duzy

1½ stakan ýagsyz süýt

1 stakan köne moda süle

1 nahar çemçesi çia tohumy

2 sany orta banan, gaty bişen we püresi

2 nahar çemçesi kokos çorbasy, süýjedilmedik we 2 nahar çemçesi bal

2 çaý çemçesi vanil ekstrakty

Hyzmat etmek üçin goşundylar: tostlanan pecanlar, nar tohumy, bal, injir ýarym we banan dilimleri

Görkezmeler:

1. Bir tabakdaky goşundylardan başga ähli maddalary garmaly. Gowy birleşýänçä gowy garmaly. Garyndyny iki hyzmat edýän jamyň arasynda deň bölüň.

2. Gapak bilen ýapyň we bir gije ýa-da 6 sagat sowadyň.

3. Hyzmat etmek, garyşdyrmak we goşmak.

<u>Iýmitleniş maglumatlary:</u>Kaloriýa 684: ag: 22,8 g Belok: 34,2 g Natriý: 374 mg Jemi uglewodlar: 99,6 g Süýüm: 14.1 g

Choco Chia Banan Bowl Hyzmatlary: 3

Bişirmek wagty: 0 minut

Goşundylar:

½ käse çia tohumy

1 uly banan, gaty bişen

½ çemçe arassa vanil ekstrakty

2 stakan badam süýdü, süýjedilmedik

1 nahar çemçesi kakao tozy

2 nahar çemçesi çig bal ýa-da akja şerbeti

Hileleri garyşdyrmak üçin 2 nahar çemçe kakao

Garyşdyrmak üçin 2 nahar çemçesi şokolad çipleri

Garyşmak üçin dilimlenen 1 uly banan

Görkezmeler:

1. Çia tohumyny we banany garylan gaba garmaly. Banany vilka bilen garmaly we gowy birleşýänçä gowy garmaly. Wanil we badam süýdüne guýuň. Indi bölekler bolýança uruň.

2. Garyndynyň ýarysyny aýna gapda guýuň we gapagy bilen ýapyň. Gazanda garyndynyň galan ýarysyna kakao we sirop goşuň. Doly birleşýänçä gowy garmaly. Garyndyny başga bir aýna gapda guýuň we ýapyň. Iň azyndan 4 sagat sowadyň.

3. Hyzmat etmek üçin sowadylan çia pudinglerini üç sany tabaga deň bölüň. Garyşdyrmak üçin ingredientler bilen alternatiw gatlaklar.

Iýmitleniş maglumatlary:Kaloriýa 293: ag: 9,7 g Belok: 14,6 g Natriý: 35 mg Jemi uglewodlar: 43,1 gr

Inflamokançlyga garşy alça ysmanakly süýjülikli iýmitler: 1

Bişirmek wagty: 0 minut

Goşundylar:

1 käse yzygiderli kefir

1 stakan doňdurylan alça

½ käse çaga ysmanak ýapraklary

¼ käse püresi bişen awakado

1 nahar çemçesi badam ýagy

1 bölek gabykly zynjyr (1/2 dýuým)

1 çaý çemçesi çia tohumy

Görkezmeler:

1. ingredhli maddalary blenderde goýuň.

2. smoothuwaş bolýança impuls.

3. Hyzmat etmezden ozal holodilnikde sowamaga rugsat beriň.

Iýmitleniş maglumatlary:Kaloriýa 410 Jemi ýag 20 g doýgun ýag 4 g Jemi uglewodlar 47 g Jemi uglewodlar 37 g Belok 17 g Şeker: 33 g Süýüm: 10 g Natriý: 169 mg Kaliý 1163 mg

Ajy Şakşuka naharlary: 4

Bişirmek wagty: 37 minut

Goşundylar:

2 nahar çemçesi goşmaça zeýtun ýagy

1 sogan sogan, dogralan

1 jalapeño, tohumly we dogralan

2 sany sarymsak, dogralan

1 funt ysmanak

Duz we täze ýer gara burç

¾ tsp koriander

1 çaý çemçesi guradylan kimyon

2 nahar çemçesi harissa pastasy

½ käse gök önüm çorbasy

8 sany uly ýumurtga

Hyzmat etmek üçin gyzyl burç çemçe

Hyzmat etmek üçin kesilen koriander

Hyzmat etmek üçin dogralan petruşka

Görkezmeler:

1. Peçini 350 ° F çenli gyzdyryň.

2. Oagy ojakdan goraýan gazanda orta otda gyzdyryň. Sogan bilen garmaly we 5 minut gowurmaly.

3. Jalapeño we sarymsagy goşup, bir minutlap ýa-da hoşboý ysly bolýança gowurmaly. Ysmanak goşup, 5 minut bişirmeli ýa-da ýapraklary doly ýuwulýança bişirmeli.

4. Garyndyny duz we burç, koriander, kimyon we harissa bilen möwsüm ediň. Anotherene 1 minut bişirmeli.

5. Garyndyny iýmit prosessoryna - püresi galyň yzygiderlilige salyň. Bir stocka döküň we tekiz dokumasy ýetýänçä arassalanmagy dowam etdiriň.

6. Şol panany taýak däl bişiriji spreý bilen arassalaň we örtüň.

Arassalanan garyndyny guýuň. Agaç çemçe ulanyp, sekiz sany tegelek guýy ýasaýyň.

7. Her ýumurtgany guýulara seresaplyk bilen bölüň. Gazany ojakda goýuň - 25 minut bişirmeli ýa-da ýumurtgalary doly gurýança bişiriň.

8. Hyzmat etmek üçin, shakşukany dadyp görmek üçin gyzyl burç çorbasy, koriander we petruşka sepiň.

Iýmitleniş maglumatlary:Kaloriýa 251: ag: 8,3 g Belok: 12,5 g Natriý: 165 mg
Jemi uglewodlar: 33,6 gr

5 minutlyk altyn süýdüň bölekleri: 1

Bişirmek wagty: 4 minut

Goşundylar:

1 1/2 stakan ýeňil kokos süýdü

1 1/2 stakan süýjülmedik badam süýdü

1 ýarym nahar çemçesi

1/4 nahar çemçesi

1 darçyn taýagy

1 nahar çemçesi kokos ýagy

1 çümmük ýer gara burç

Goşmaça süýjüdiriji (ýagny kokos şekeri, akja şerbeti ýa-da tagam üçin stewiýa)

Görkezmeler:

1. Kokos süýdüni, ýer zerdeçal, badam süýdüni, ýer zynjyryny, darçyn taýagyny, kokos ýagyny, gara burç we halaýan süýjüdirijiňizi ownuk çörek bişirilýän ýere goşuň.

2. Garyşdyrmak we gyzdyrmak üçin orta otda çaýlaň. El degirýänçä gyzdyryň, ýöne gaýnatmaň - takmynan 4 minut - yzygiderli çaýkanyň.

3. Tagamy üýtgetmek üçin ýylylygy we möwsümi öçüriň. Güýçli hoşboý ys üçin +

dadyp görüň, has süýji ýa-da has köp zerdejik ýa-da zynjyr goşuň.

4. Derrew hyzmat ediň, iki äýnegiň arasyny döwüň we darçyn taýagyny yzda goýuň. Iň gowusy, galyndylar holodilnikde 2-3 gün saklanar. Peçde ýa-da mikrotolkunda temperatura getiriň.

<u>Iýmitleniş maglumatlary:</u>Kaloriýa 205: ag: 19,5 g Natriý: 161 mg Uglewodlar: 8,9 g Süýüm: 1,1 g Belok: 3,2 g

Ertirlik naharyndaky bölekler: 1

Bişirmek wagty: 8 minut

Goşundylar:

2/3 käse kokos süýdü

1 ýumurtga ak, öri meýdanlary ösdürilip ýetişdirildi

½ käse glýutsiz çalt bişirilýän süle

½ çemçe zerdejik poroşok

½ çemçe darçyn

¼ çaý çemçesi zynjyr

Görkezmeler:

1. Süýt däl süýdüni gazana salyň we orta otda gyzdyryň.

2. eggumurtganyň ak reňkini garmaly we garyndy ýumşaýança çaýkamagy dowam etdiriň.

3. Galan maddalary goşuň we ýene 3 minut bişirmeli.

Iýmitleniş maglumatlary: Kaloriýa 395 Jemi ýag 34 g doýgun ýag 7 g Jemi uglewodlar 19 g uglewodlar 16 g belok 10 g şeker: 2 g süýüm: 3 g natriý: 76 mg kaliý 459 mg

Çöreklenmedik zerdejik çyra donuz hyzmatlary:

8

Bişirmek wagty: 0 minut

Goşundylar:

1 ½ käse çig kawaý

½ käse Medjoli hurmasy

1 nahar çemçesi vanil belok tozy

½ käse kesilen kokos

2 nahar çemçesi akja şerbeti

¼ çaý çemçesi vanil ekstrakty

1 çaý çemçesi zerdejik tozy

¼ käse gara şokolad

Görkezmeler:

1. Iýmit prosessorynda şokoladdan başga ähli maddalary garmaly.

2. smoothuwaş bolýança impuls.

3. Hamyry 8 topa öwrüp, silikon donut galypyna basyň.

4. Gatylaşdyrmak üçin doňduryja 30 minut goýuň.

5. Şol bir wagtyň özünde, şokolady goşa gazanda eredip, şokolad örtügini ýasaň.

6. Donuzlar gaty bolansoň, donlary galyndydan çykaryň we şokolad bilen çalyň.

lýmitleniş maglumatlary:Kaloriýa 320 Jemi ýag 26 g doýgun ýag 5 g Jemi uglewodlar 20 g uglewodlar 18 g belok 7 g şeker: 9 g süýüm: 2 g natriý: 163 mg kaliý 297 mg

Cheddar & Kale Frittata Hyzmatlary: 6

Goşundylar:

1/3 c. dilimlenen gabyklar

¼ çemçe. burç

1 kesilen gyzyl burç

¾ c. ýagsyz süýt

1 c. ownuk ýiti ýagly kedr peýniri

1 nahar çemçesi. zeýtun ýagy

5 oz çaga kale we ysmanak

12 ýumurtga

Görkezmeler:

1. Peçini 375 0F çenli gyzdyryň.

2. Aýna küýzeli tabagy zeýtun ýagy bilen ýaglaň.

3. Bir tabakda, peýnirden başga ähli maddalary gowy uruň.

4. eggumurtga garyndysyny taýýarlanan galyba guýuň we 35 minut bişirmeli.

5. Peçden çykaryň we peýnir sepiň we 5 sagat gowurmaly minut.

6. Peçden çykaryň we 10 minut dynç alyň.

7. Dilimläň we lezzet alyň.

<u>Iýmitleniş maglumatlary:</u>Kaloriýa: 198,: ag: 11.0 g, Karbes: 5,7 g, Belok: 18,7 g, şeker: 1 g, natriý: 209 mg.

Ortaýer deňziniň frittata görnüşleri: 6

Bişirmek wagty: 20 minut

Goşundylar:

Gsumurtga, alty

Feta peýnir, döwülen, çärýek käse

Gara burç, bir çaý çemçesi

Oilag, pürküji ýa-da zeýtun

Oregano, bir çaý çemçesi

Süýt, badam ýa-da kokos, çärýek käse

Deňiz duzy, bir çaý çemçesi

Gara zeýtun, dogralan, çärýek käse

Greenaşyl zeýtun, dogralan, çärýek käse

Pomidor, kesilen, çärýek käse

Görkezmeler:

1. Peçini 400 dereje gyzdyryň. Bir sekiz-sekiz dýuým çörek bişirilýän tabagy ýaglaň.

Süýdüni ýumurtga garmaly we beýleki maddalary goşuň. Bu garyndynyň hemmesini çörek bişirilýän tabaga guýuň we ýigrimi minut bişirmeli.

Iýmitleniş maglumatlary:Kaloriýa 107 şeker 2 gram ýag 7 gram uglewod 3

Bir gram üçin 7 gram belok

Garpyz darçyny we zynjyr granola porsy: 5

Bişirmek wagty: 40 minut

Goşundylar:

¼ käse Çia tohumy

½ käse kokos çorbasy

1 ½ stakan garylan çig hoz

2 stakan glýutsiz süle

1 käse garpyz oty

2 nahar çemçesi hoz ýagy

4 nahar çemçesi kokos ýagy

1 käse günebakar tohumy

½ käse kädi tohumy

1,5-2 dýuým zynjyr bölegi

1 çaý çemçesi ýer darçyny

1/3 käse tüwi malt siropy

4 nahar çemçesi çig kakao tozy - islege görä

Görkezmeler:

1. Peçini 180C çenli gyzdyryň

2. Iýmit prosessorynda hozlary uruň we çalt kesiň. Dogralan hozlary bir tabaga salyň we beýleki ähli gury maddalary - süle, kokos, darçyn, garpyz, tohum we duz goşuň - kokos ýagyny pes otda gazanda ýuwaşlyk bilen erediň.

3. Çygly garyndynyň üstüne kakao tozy goşuň we garyşdyryň. Çygly hamyry gury garyndynyň üstüne goýuň we hemme zady örtmek üçin gowy garmaly. Garyndyny ýagsyz kagyz bilen örtülen ýa-da kokos ýagy bilen ýaglanan giň çörek kagyzyna geçiriň. Garyndyny ýarym öwrüp, garyndyny 35-40 minut deň derejede ýaýratmagy unutmaň. Granola täze we altyn bolýança bişiriň!

4. Halaýan hoz süýdüňiz, bir bulgur kokos gatyky, täze miweler we ajaýyp iýmitler - goji miweleri, zygyr tohumy, ary topragy, islän zadyňyz bilen hyzmat ediň! Her gün garmaly.

Iýmitleniş maglumatlary:Kaloriýa 220 Uglewodlar: 38 g Fatag: 5 g Belok: 7 gr

Koriander Pancake Hyzmatlary: 6

Bişirmek wagty: 6-8 minut

Goşundylar:

½ käse tapioka uny

½ käse badam uny

½ çemçe çili tozy

¼ nahar çemçesi

1 stakan doly ýagly kokos süýdüni dadyp görmek üçin duz we täze ýer gara burç

½ gyzyl sogan, dogralan

1 (½-dýuým) täze zynjyr, inçe grated 1 Serrano burç, dogralan

½ käse täze silantro, dogralan

Nebit, zerur bolanda

Görkezmeler:

1. Uny we tagamlary uly gaba garmaly.

2. Kokos süýdüni goşuň we tekiz bolýança garmaly.

3. Sogan, zynjyr, Serrano burç we silantro bilen katlaň.

4. stickapylmadyk uly panany ýeňil ýaglaň we orta pes otda gyzdyryň.

5. Garyndynyň takmynan ¼ käsesini goşuň we gazanda deň paýlamak üçin tabany egiň.

6. Iki gapdalynda takmynan 3-4 minut bişirmeli.

7. Garyndynyň galan bölegi bilen gaýtalaň.

8. Islenýän gap-gaç bilen hyzmat ediň.

<u>Iýmitleniş maglumatlary:</u>Kaloriýa: 331,: ag: 10 g, Karbes: 37 g, Süýüm: 6 g, Belok: 28 g

Malin greýpfrut süýdüniň bölekleri: 1

Bişirmek wagty: 0 minut

Goşundylar:

Täze gysylan 1 greýpfrut şiresi

1 banan, gabyk we dilim

1 käse malina

Görkezmeler:

1. ingredhli maddalary blenderde goýuň we tekiz massa bilen üwäň.

2. Hyzmat etmezden ozal sowadyň.

Iýmitleniş maglumatlary:Kaloriýa 381 Jemi ýag 0,8 g doýgun ýag 0,1 g Uglewodlar 96 g uglewodlar 85 g belok 4 g şeker: 61 g süýüm: 11 g natriý: 11 mg kaliý 848 mg

Arahis ýagy granola porsy: 8

Bişirmek wagty: 25 minut

Goşundylar:

togalanan süle - 2 käse

Darçyn - 0,5 nahar çemçesi

Duzly tebigy nohut ýagy - 0,5 käse

Sene pastasy - 1,5 nahar çemçesi

Lili gara şokolad çipleri - 0,5 käse

Görkezmeler:

1. Peçini 300 gradusa çenli gyzdyryň we pergament ýa-da silikon düşek bilen çörek bişirilýän kagyzy çyzyň.

2. Bir tabakda hurma pastasyny, darçyny we nohut ýagyny bilelikde bulamaly, soňra süle doly örtülýänçä garmaly. Bu süýji we ýakymly garyndyny inçe gatlakda çörek bişirilýän kagyzda deň derejede ýaýlaň.

3. Arahis ýagy granolasyny ojakda goýuň we deňsiz bişirilmeginiň we ýanmagynyň öňüni almak üçin, bişirilýän wagtyň ýarysyny gowy garmaly we ýigrimi minut bişirmeli.

4. Granolany peçden çykaryň we şokolad çiplerine zyňmazdan ozal otag temperaturasyna sowadyň. Arahis ýagy granolany ulanmaga taýyn bolýança saklamak üçin howa geçirmeýän konteýnerine geçiriň.

Zerdejik peçiniň bölekleri ýumurtga: 6

Bişirmek wagty: 15 minut

Goşundylar:

8-10 sany uly ýumurtga, öri meýdanlary ösdürilip ýetişdirildi

½ käse süýjedilmedik badam ýa-da kokos süýdü

½ çemçe zerdejik poroşok

1 nahar çemçesi dogralan koriander

¼ çaý çemçesi gara burç

Bir çümmük duz

Görkezmeler:

1. Peçini 3500F çenli gyzdyryň.

2. Gazany ýa-da ýylylyga garşy peçli tabagy ýaglaň.

3. Bir tabaga ýumurtga, süýt, zerdejik tozy, gara burç we duz uruň.

4. theumurtga garyndysyny çörek bişirilýän tabaga guýuň.

5. Ojakda goýuň we 15 minut bişirmeli ýa-da ýumurtga goýulýança bişirmeli.

6. Peçden çykaryň we dogralan koriander bilen bezeliň.

Iýmitleniş maglumatlary:Kaloriýa 203 Jemi ýag 16 g doýgun ýag 4 g Jemi uglewodlar 5 g uglewodlar 4 g belok 10 g şeker: 4 g süýüm: 1 g natriý: 303 mg kaliý 321 mg

Çia we süle ertirlik kepekli porsy: 2

Goşundylar:

85 gr dogralan gowrulan badam

340 gr kokos süýdü

30 g gamyş şekeri

2½ g mämişi gabygy

30 gr zygyr garyndysy

170 gr togalanan süle

340 gr gök gül

30 gr çia tohumy

2½ gr darçyn

Görkezmeler:

1. Çygly maddalaryň hemmesini goşuň we şeker bilen süýdüň mämişi görnüşi bilen garmaly.

2. Darçyny garmaly we gowy garmaly. Şekeriň köp däldigine göz ýetireniňizden soň, togalanan süle, zygyr we çia goşuň we bir minut oturyň.

3. Iki jam ýa-da mason bankalaryny alyp, garyndynyň içine guýuň. Üstüne tostlanan badam we sowadyjy.

4. Irden çykaryň we gazyň!

Iýmitleniş maglumatlary:Kaloriýa: 353, ýag: 8g, ugler: 55g, belok: 15g, şeker: 9,9g, natriý: 96mg

Rhubarb Apple Plus Zinger Muffin Resept

Hyzmatlary: 8

Bişirmek wagty: 30 minut

Goşundylar:

1/2 nahar çemçesi darçyn

1/2 nahar çemçesi zynjyr

bir çümmük deňiz duzy

1/2 stakan badam uny (ýer badamy)

1/4 käse arassalanmadyk çig şeker

2 nahar çemçesi inçe kesilen kristal zynjyr

1 nahar çemçesi zygyr uny

1/2 käse garpyz uny

1/4 käse inçe goňur tüwi uny

1/4 käse (60 ml) zeýtun ýagy

1 sany erkin aralyk ýumurtga

1 çaý çemçesi vanil ekstrakty

2 nahar çemçesi organiki mekgejöwen ýa-da hakyky ok 2 çaý çemçesi glýutsyz çörek tozy

1 käse inçe dilimlenen sogan

1 ownuk alma, gabykly we inçe dilimlenen

95 ml (1/3 käse + 1 nahar çemçesi) tüwi ýa-da badam süýdü<u>Görkezmeler:</u>

1. Peçini 180C / 350C çenli gyzdyryň. Pergament kagyzy bilen 8 1/3 käse (80 ml) küýze gabyny ýaglaň ýa-da çyzyň.

2. Badam uny, zynjyr, şeker we zygyr tohumlaryny orta gaba goýuň. Bişirilen poroşok, un we hoşboý ysly zatlary süzüň we süzülýänçä garmaly. Tohum we almany un garyndysyna palto bilen epläň.

3. Gury garyndynyň içine guýmazdan ozal süýt, şeker, ýumurtga we vanilini başga bir ownuk gaba sokuň we birleşýänçä garmaly.

4. Käbäni gap-gaçlaryň / kagyz gutularyň arasynda deň bölüň we 20-25 minut bişirmeli ýa-da ýokary galýança we gyralarynda altyn bolýança bişirmeli.

5. Aýyrmak, soňra sowatmak üçin sim rafyna çykmazdan ozal 5 minut goýuň.

6. warmyly ýa-da otag temperaturasynda iýiň.

<u>Iýmitleniş maglumatlary:</u>Kaloriýa 38 Uglewodlar: 9 g Fatag: 0 g Belok: 0 gr

Ertirlik galla we miweler: 6

Goşundylar:

1 c. kişmiş

¾ c. goňur tüwi çalt bişirmek

1 gran smith alma

1 mämişi

8 oz az ýagly vanil gatyk

3 c. suw

¾ c. bulgur

1 gyzyl tagamly alma

Görkezmeler:

1. highokary otda uly gazany goýuň we suwy gaýnadyň.

2. Bulgur we tüwi goşuň. Ody peseldiň we gapagyň aşagynda on minut bişirmeli.

3. heatylylygy öçüriň, gapagyny ýapyp 2 minut goýuň.

4. Dänäni deň derejede sowatmak üçin çörek bişirilýän kagyzyň üstünde goýuň.

5. Şol wagt apelsini gabyň we böleklere bölüň. Almalary kesiň we gabyklaň.

6. Däneler sowadylandan soň, miwesi bilen uly bir tabaga geçiriň.

7. gatyk goşuň we palta gowy garmaly.

8. Hyzmat ediň we lezzet alyň.

<u>Iýmitleniş maglumatlary:</u>Kaloriýa: 121, ýag: 1g, ugler: 24.2g, belok: 3,8g, şeker: 4.2g, natriý: 500mg

Perki Paleo kartoşkasynyň we belok pudrasynyň hyzmatlary: 1

Bişirmek wagty: 0 minut

Goşundylar:

1 ownuk süýji kartoşka, öňünden bişirilen we dogralan 1 nahar çemçesi belok tozy

1 ownuk banan, dilimlenen

¼ käse gök gül

¼ käse malina

Goşundylary saýlamak: kakao nibleri, çia tohumlary, kenep ýürekleri, halaýan hoz / tohum ýagy (islege görä)

Görkezmeler:

1. Süýji kartoşkany ownuk hyzmat ediş gabynda vilka bilen garmaly. Belok tozy goşuň. Gowy birleşýänçä gowy garmaly.

2. Garyndynyň üstüne banan dilimlerini, gök we malina ýaýlaň. Islenýän toplar bilen bezeliň. Bu ertirlik naharyndan hem sowuk, hem lezzet alyp bilersiňiz.

Iýmitleniş maglumatlary: Kaloriýa 302: ag: 10 g Belok: 15,3 g Natriý: 65 mg
Jemi uglewodlar: 46,7 gr

Bazil porsy pomidor Brushetta: 8

Goşundylar:

½ c. dogralan reyhan

2 dogralan sarymsak gaby

1 nahar çemçesi. balzam sirkesi

2 nahar çemçesi. Zeýtun ýagy

½ çemçe. ýer gara burç

1 dilimlenen bugdaý bagşy

8 sany bişen Roma pomidory

1 nahar çemçesi. deňiz duzy

Görkezmeler:

1. Peçini 375F çenli gyzdyryň.

2. Pomidorlary bir tabaga bölüň, balzam sirkesine, dogralan reyhan, sarymsak, duz, burç we zeýtun ýagyna garmaly.

3. Bagetany 16-18 dilimlere bölüň we bişirmek üçin 10 minut töweregi ojakda goýuň.

4. Warmyly bölek çörek bilen hyzmat ediň we lezzet alyň.

5. Galan zatlar üçin howa geçirmeýän gapda saklaň we sowadyň.

Olary panjara towugyň üstünde goýup görüň, ajaýyp!

Iýmitleniş maglumatlary:Kaloriýa: 57,: ag: 2,5g, Karbes: 7,9g, Belok: 1,4g, Şeker: 0,2g, Natriý: 261mg

Kokos hyzmaty bilen darçyn krepkalary: 2

Bişirmek wagty: 18 minut

Goşundylar:

2 organiki ýumurtga

1 nahar çemçesi badam uny

2 unsiýa krem peýniri

¼ käse gyrylan kokos we garnitur ½ nahar çemçesi eritrit üçin

1/8 çaý çemçesi duz

1 çaý çemçesi darçyn

4 nahar çemçesi stewiýa

½ nahar çemçesi zeýtun ýagy

Görkezmeler:

1. eggsumurtgalary bir tabaga uruň, ýumruk bolýança uruň, soňra un we krem peýnirini ýumşaýança uruň.

2. Galan ingredientleri goşuň we gowy birleşýänçä garmaly.

3. Bir tabak alyň, orta otda goýuň, ýag bilen ýaglaň, batyryň ýarysyny guýuň we krepka bişýänçä we ajaýyp altyn goňur bolýança her tarapynda 3-4 minut bişirmeli.

4. Krepkany bir tabaga goýuň we galan hamyrdan başga bir krepkany şol bir görnüşde bişiriň.

5. Kokos bişirilen krepkanyň üstüne sepiň we hyzmat ediň.

Iýmitleniş maglumatlary:Kaloriýa 575, umumy ýag 51 g, uglewodlaryň umumy mukdary 3,5 g, belok 19 gr

Nut Blueberry Banan süle uny: 6

Nahar bişirmek wagty: 2 sagat

Goşundylar:

2 käse togalanan nahar

1/4 käse badam (gowrulan)

1/4 käse hoz

1/4 käse pecan

2 nahar çemçesi zygyr

1 çaý çemçesi ýer zynjyry

1 çaý çemçesi darçyn

1/4 nahar çemçesi deñiz duzy

2 nahar çemçesi kokos şekeri

½ nahar çorbasy

2 käse süýt

2 banan

1 käse täze gök gül

1 nahar çemçesi akja şerbeti

1 çaý çemçesi vanil ekstrakty

1 nahar çemçesi eredilen ýag

Hyzmat etmek üçin gatyk

Görkezmeler:

1. Uly gaba hoz, zygyr, hamyr tozany, ysly zatlar we kokos şekeri goşup, garmaly.

2. Başga bir tabakda ýumurtga, süýt, akja şerbeti we vanil ekstraktyny çaýlaň.

3. Bananlary iki bölege bölüň we gök gül bilen haýal ojakda goýuň.

4. Süle garyndysyny goşuň we üstüne süýt garyndysyny guýuň.

5. Eredilen ýag bilen damlaň,

6. Haýal ojakda pes otda 4 sagat ýa-da ýokary otda 4 sagat bişirmeli. Suwuklyk siňýänçä we süle altyn goňur bolýança bişiriň.

7. warmönekeý grek gatyk bilen ýyly we ýokarsyna hyzmat ediň.

Iýmitleniş maglumatlary:Kaloriýa 346 mg Jemi ýag: 15 g Uglewodlar: 45 g Belok: 11 g Şeker: 17 g Süýüm 7 g Natriý: 145 mg Holesterin: 39 mg

Bişirilen losos ýumurtgasynyň tostlary: 2

Bişirmek wagty: 4 minut

Goşundylar:

Çörek, iki bölek çowdary ýa-da tutuş bugdaý tostlanan limon suwy, dörtden bir çaý çemçesi

Awakado, iki nahar çemçesi püresi

Gara burç, bir çaý çemçesi

Twoumurtga, iki sany brakoner

Salmon, çilim çeken, dört unsiýa

Bahar sogan, bir nahar çemçesi inçejik dilimlenýär

Duz, bir çaý çemçesiniň sekizden biri

Görkezmeler:

1. Awakadoga burç we duz bilen limon suwuny goşuň. Garylan awakadony tostlanan çörek dilimlerine ýaýlaň. Çekilen losany tostuň üstünde we üstüne balykly ýumurtga bilen goýuň. Dilimlenen gabyklary ýokarsyna goýuň.

Iýmitleniş maglumatlary: Kaloriýa 389 ýag 17,2 gram Belok 33,5 gram Karbes 31,5 gram Şeker 1,3 gram Süýüm 9,3 gr

Çia ertirlik nahary pudingi: 2

Bişirmek wagty: 0 minut

Goşundylar:

Çia tohumy, dört nahar çemçesi

Badam ýagy, bir nahar çemçesi

Kokos süýdü, käsäniň dörtden üçüsi

Darçyn, bir çaý çemçesi

Vanil, bir çaý çemçesi

Sowuk kofe, käsäniň dörtden üçüsi

Görkezmeler:

1. fixhli düzedişleri dogry birleşdiriň we holodilnikdäki ygtybarly gaba guýuň. Gowy ýapyň we bir gije sowadyň.

Iýmitleniş maglumatlary:Kaloriýa 282 karb 5 gram belok 5,9 gram ýag 24 gram

Peýnirli porsy ýumurtga: 1

Goşundylar:

¼ c. dogralan pomidor

1 ýumurtga ak

1 dogralan ýaşyl sogan

2 nahar çemçesi. Fatagsyz süýt

1 bölek bugdaý çöregi

1 ýumurtga

½ oz. az ýagly grated kedr peýniri

Görkezmeler:

1. Bir tabaga ýumurtga we ýumurtga aklaryny garmaly we süýt goşuň.

2. Garyndyny ýumurtga bişýänçä taýak däl gazanda çaýlaň.

3. Bu arada çöregi tostlaň.

4. Düwürdilen ýumurtgalary tostlanan çörege we ereýänçä peýnir bilen goýuň.

5. Sogan we pomidor goşuň.

Iýmitleniş maglumatlary:Kaloriýa: 251, ýag: 11,0 g, ugler: 22,3 g, belok: 16,9 g, şeker: 1.8 g, natriý: 451 mg

Tropiki jamlaryň hyzmaty: 2

Bişirmek wagty: 0 minut

Goşundylar:

1 käse mämişi suwy

1 stakan mango, gabykly we dogralan

1 stakan ananas, gabykly we dogralan

1 banan, gabyk

1 çaý çemçesi çia tohumy

Bir çümmük zerdejik tozy

4 sany çilek, dilimlenen

Görkezmeler:

1. Mämişi suwuny mango, ananas, banan, çia tohumy we zerdeçik bilen garyşdyryň. Gowy uruň, tabaklara bölüň, hersine qulupnay bilen hyzmat ediň.

2. Lezzet alyň!

Iýmitleniş maglumatlary:kaloriýa 171, ýag 3, süýüm 6, uglewodlar 8, belok 11

Tex-Meks Haş Goňur Hyzmatlary: 4

Bişirmek wagty: 30 minut

Goşundylar:

1 ½ funt kartoşka, dogralan

1 nahar çemçesi zeýtun ýagy

Dadyp görmek üçin burç

1 sogan, dogralan

1 gyzyl jaň burç, dogralan

Halkalara dilimlenen 1 jalapeno

1 çaý çemçesi ýag

As çaý çemçesi ýer kimini

As çaý çemçesi tako tagamly garyndy

Görkezmeler:

1. Sowadyjyny 320 gradusa çenli gyzdyryň.

2. Kartoşkany 1 nahar çemçesi ýagda atyň.

3. Burç bilen möwsüm.

4. Howa guradyjynyň sebedine geçiriň.

5. Nahar bişirilende iki gezek titräp, 20 minut gowurmaly.

6. Galan maddalary bir tabaga birleşdiriň.

7. Howa guradyjy goşuň.

8. Gowy garmaly.

9. 356 gradus F-da 10 minut bişirmeli.

Awokado we krem porsy bolan Şirataki makaron: 2

Bişirmek wagty: 6 minut

Goşundylar:

½ paket şirataki naharlary, bişirilen

Awokado

½ çemçe gara burç

½ çemçe duz

½ çemçe guradylan reyhan

1/8 käse agyr krem

Görkezmeler:

1. Suw bilen doldurylan orta gazanyň ýarysyny orta otda goýuň, gaýnadyň, soňra nahar goşuň we 2 minut bişirmeli.

2. Soňra naharlary süzüň we şoňa çenli bir gapdalda goýuň.

3. Awakadony bir tabaga salyň, ony vilka bilen döwüň. 4. Awokadony bir tabaga garmaly, blenderde goýuň, galan maddalary goşuň we tekiz bolýança impuls.

5. Bir tabak alyň, orta otda goýuň we yssy bolanda, oňa nahar goşuň, awakado garyndysyny guýuň, gowy garmaly we 2 bişirmeli

gyzgyn bolýança birnäçe minut.

6. Derrew hyzmat ediň.

<u>Iýmitleniş maglumatlary:</u>Kaloriýa 131, umumy ýag 12,6 g, umumy karbalar 4,9 g, belok 1,2 g, şeker 0,3 g, natriý 588 mg

Amarant porsysynyň ýakymly bölekleri: 2

Bişirmek wagty: 30 minut

Goşundylar:

½ käse suw

1 stakan badam süýdü, süýjülmedik

½ käse amaranth

1 armut, gabykly we kesilen

½ çemçe ýer darçyny

¼ çaý çemçesi täze zynjyr, grated

Bir çümmük ýer hozy

1 nahar çemçesi şerap

2 nahar çemçesi dogralan pecan

Görkezmeler:

1. Gazana suw we badam süýdüni goýuň, orta otda gaýnadyň, amarant goşuň, 20 minut gaýnadyň we gaýnadyň.

Armut, darçyn, zynjyr, hoz we akja şerbetini goşup, garmaly.

Anotherene 10 minut gaýnadyň, tabaklara bölüň we üstüne sepilen pecanlar bilen hyzmat ediň.

2. Lezzet alyň!

Iýmitleniş maglumatlary:kaloriýa 199, ýag 9, süýüm 4, uglewodlar 25, belok 3

Krem peýnirli badam uny krepkalary: 2

Bişirmek wagty: 18 minut

Goşundylar:

½ käse badam uny

1 çaý çemçesi eritritol

½ çemçe darçyn

2 unsiýa krem peýniri

2 organiki ýumurtga

1 nahar çemçesi duzlanmadyk ýag

Görkezmeler:

1. Pancake batterini taýýarlaň we uny blenderde goýuň, galan maddalary goşuň we tekiz bolýança 2 minut üwäň.

2. Hamyry bir tabaga atyň we 3 minut dynç alyň.

3. Soňra uly tabak alyň, orta otda goýuň, ýag goşuň we eränsoň, taýýarlanan krepkanyň içine ¼ guýuň.

4. Käbäni gazana deň derejede ýaýlaň, owadan altyn goňur bolýança iki gapdalynda 2 minut bişirmeli we krepkalary bir tabaga goýuň.

5. Galan batyrdan ýene üç sany krepkany şol bir görnüşde bişiriň we gutaranyňyzdan soň, halaýan miweleriňiz bilen krepkalara hyzmat ediň.

Iýmitleniş maglumatlary:Kaloriýa 170, umumy ýag 14,3 g, umumy ugler 4,3, belok 6,9 g, şeker 0,2 g, natriý 81 mg

Türk alma ertirlik nahary bölekleri: 5

Bişirmek wagty: 10 minut

Goşundylar:

Et üçin:

1 funt toprak

1 nahar çemçesi kokos ýagy

½ çemçe guradylan kekik

½ çemçe darçyn

deňiz duzy

Haş üçin:

1 nahar çemçesi kokos ýagy

1 sogan

1 sany uly alma, gabykly, reňkli we dogralan

Islän 2 käse ysmanak ýa-da gök önümler

½ çemçe zerdejik

½ çemçe guradylan kekik

deňiz duzy

1 uly ýa-da 2 sany ownuk gök

½ käse kesilen käşir

2 stakan kub doňdurylan gök (ýa-da süýji kartoşka) 1 çaý çemçesi darçyn

¾ çemçe poroşok zynjyr

½ çemçe sarymsak tozy

Görkezmeler:

1. Bir çemçe kokos ýagyny gazanda orta / ýokary otda gyzdyryň.

Kepjäni ýere goýuň we gysga bolýança bişirmeli. Kekik, darçyn we bir çümmük deňiz duzy bilen möwsüm. Tabaga geçiň.

2. Galan kokos ýagyny şol bir gazana guýuň we ýumşaýança 2-3 minut sogan gowurmaly.

3. Tagamy üçin palta, alma, käşir we doňdurylan nahar goşuň -

Takmynan 4-5 minut bişirmeli ýa-da gök önümler ýumşaýança bişirmeli.

4. Ysmanagy süpürilýänçä dakyň we gamçylaň.

5. Bişen hindi, ysly zatlar, duz goşuň we ýagy ýapyň.

6. Tagtadan täze çykan bu heşden lezzet alyň ýa-da hepdäniň dowamynda sowadyň we sowadyň. Haş möhürlenen gapda galyp biler holodilnikde takmynan 5-6 gün.

Iýmitleniş maglumatlary:Kaloriýa 350 Uglewodlar: 20 g Fatag: 19 g Belok: 28 gr

Saç zygyr we kenep tohumy muffinleriniň bölekleri: 2

Bişirmek wagty: 30 minut

Goşundylar:

1/8 käse zygyr nahary

¼ käse çig kenep tohumy

¼ käse badam uny

Duz, dadyp görmek

¼ nahar çemçesi

3 organiki ýumurtga, ýenjildi

1/8 käse iýmitlenýän hamyrmaýa

¼ käse az ýagly kottej

¼ käse grated parmesan peýniri

¼ käse gabyklary, inçejik dilimlenen

1 nahar çemçesi zeýtun ýagy

Görkezmeler:

1. Peçini açyň, soňra 360 ° F edip sazlaň we gyzdyryň.

2. Bu aralykda iki sany ramekini alyň, ýag bilen ýaglaň we zerur bolýança goýuň.

3. Orta gaba zygyr tohumy, kenep tohumy we badam uny goşuň, soňra duz we hamyr tozany birleşýänçä garmaly.

4. Başga bir tabakda ýumurtgalary döwüň, hamyrmaýa, kottej peýniri we parmesan goşuň, birleşýänçä gowy garmaly, soňra garyndyny badam ununyň garyndysyna birleşdiriň.

5. Sogan bilen epläň, garyndyny taýýarlanan ramekinleriň arasynda bölüň we küýzeler berk we üstünde altyn goňur bolýança 30 minut bişirmeli.

6. Taýar bolanyňyzda, küýzeleri ramekinlerden çykaryň we simiň üstünde doly sowadyň.

7. Nahar taýýarlamak üçin, her küýzäni kagyz polotensasyna örtüň we otuz dört güne çenli sowadyň.

8. Iýmäge taýyn bolanyňyzda, mikrotolkunda küýzeleri gyzdyryň we hyzmat ediň.

Iýmitleniş maglumatlary: Kaloriýa 179, umumy ýag 10,9 g, umumy ugler 6,9 g, belok 15,4 g, şeker 2,3 g, natriý 311 mg

Çeýneli gülli karam wafli Hyzmatlar: 2

Bişirmek wagty: 15 minut

Goşundylar:

1 stakan karam gülleri

1 nahar çemçesi çaý, dogralan

½ çemçe gara burç

1 çaý çemçesi sogan sogan

1 çaý çemçesi sarymsak tozy

1 stakan grated mozzarella peýniri

½ käse grated parmesan peýniri

2 organiki ýumurtga, ýenjildi

1 nahar çemçesi zeýtun ýagy

Görkezmeler:

1. Wafli demirini açyň, ýag bilen ýaglaň we gyzdyryň.

2. Şol aralykda, ähli maddalary bir tabaga salyp, tekiz bolýança çaýkap, wafli batyryny taýýarlaň.

3. Käbäniň ýarysyny gyzgyn wafli demirine guýuň, gapagy bilen ýapyň we owadan altyn goňur bolýança bişiriň.

4. Wafli çykaryň we galan batyry ulanyp, başga bir wafli bişiriň.

5. Nahar bişirmek üçin wafli howa geçirmeýän gapda goýuň, wafli mum kagyzy bilen bölüň we dört güne çenli saklaň.

Iýmitleniş maglumatlary:Kaloriýa 149, umumy ýag 8,5 g, umumy ugler 6,1 g, belok 13,3 g, şeker 2,3 g, natriý 228 mg

Ertirlik sandwiç bölekleri: 1

Bişirmek wagty: 7 minut

Goşundylar:

1 doňdurylan ertirlik

Görkezmeler:

1. Sandwiwi 340 gradus F-da 7 minut gowurmaly.

106. Tagamly ösümlik muffinleriniň bölekleri: 5

Bişirmek wagty: 18-23 minut

Goşundylar:

¾ käse badam uny

½ nahar çorbasy

¼ käse süýtli belok konsentrat tozy

2 çaý çemçesi täze ukrop, dogralan

Duz, dadyp görmek

4 sany uly organiki ýumurtga

1½ nahar çemçesi iýmitlenýän hamyrmaýa

2 çaý çemçesi alma sirkesi

3 nahar çemçesi täze limon suwy

2 nahar çemçesi kokos ýagy, eredildi

1 stakan kokos ýagy, ýumşadyldy

1 topar gabyk, dogralan

2 sany orta käşir, gabykly we grated

½ käse täze petruşka, dogralan

Görkezmeler:

1. Peçini 350 derejä çenli gyzdyryň. 10 stakan uly küýzäni ýaglaň.

2. Uny, çörek bişirilen soda, belok tozy we duzy uly gaba garmaly.

3. Başga bir gaba ýumurtga, iýmitlenýän hamyrmaýa, sirke, limon suwy we ýag goşuň we gowy birleşýänçä çaýlaň.

4. Kokos ýagyny goşuň we ýumşaýança uruň.

5. un garyndysyna ýumurtga garyndysyny goşuň we tekiz bolýança garmaly.

6. Garynjalarda, gabyklarda we petruşkada buklaň.

7. Garyndyny taýýarlanan küýze käselerine deň derejede goýuň.

8. Takmynan 18-23 minut bişiriň ýa-da merkeze salnan diş düwmesi arassa çykýança bişiriň.

<u>Iýmitleniş maglumatlary</u>:Kaloriýa: 378, ýag: 13g, ugler: 32g, süýüm: 11g, belok: 32g

Zucchini Pancake Hyzmatlary: 8

Bişirmek wagty: 6-10 min

Goşundylar:

1 käse nohut uny

1½ käse suw, bölünen

¼ nahar çemçesi

¼ çaý çemçesi kaýen

¼ nahar çemçesi

Duz, dadyp görmek

½ käse gök, dogralan

½ käse gyzyl sogan, ince kesilen

1 ýaşyl çili, deseded we ince kesilen

¼ käse täze silantro, dogralan

Görkezmeler:

1. Uly tabaga un we ¾ käse suw goşuň we tekiz bolýança çaýlaň.

2. Suwuň galan bölegini goşuň we inçe bolýança uruň.

4. Taýak däl panany az-owlak ýaglaň we orta pes otda gyzdyryň.

5. Garyndynyň takmynan ¼ käsesini goşuň we gazanda deň paýlamak üçin tabany egiň.

6. Takmynan 4-6 minut bişirmeli.

7. Seresaplyk bilen gapdaly öwüriň we takmynan 2-4 minut bişirmeli.

8. Garyndynyň galan bölegini ulanyp gaýtalaň.

9. Halaýan gapdal naharyňyz bilen hyzmat ediň.

<u>Iýmitleniş maglumatlary:</u>Kaloriýa: 389, ýag: 13 g, ugler: 25 g, süýüm: 4 g, belok: 21 g

Awokado bulkalary bilen ertirlik burgerleri

Hyzmatlar: 1

Bişirmek wagty: 5 minut

Goşundylar:

1 bişen awakado

1 ýumurtga, öri meýdanlary ösdürilip ýetişdirildi

1 gyzyl sogan sogan

1 pomidor dilim

1 salat ýapragy

Bezeg üçin künji tohumy

Dadyp görmek üçin duz

Görkezmeler:

1. Awakadonyň gabygyny çalyň we tohumy aýyryň. Awakadony iki bölege bölüň. Çörek ýaly hereket edýär. Bir gapdala goýmak.

2. Gazany orta otda ýaglaň we ýumurtgany, güneşli tarapyny 5 minutlap ýa-da goýulýança gowurmaly.

3. Ertirlik nahary burgerini bir awakado ýarysynyň üstüne ýumurtga, gyzyl sogan, pomidor we salat goýuň.

4. Awokado çöreginiň galan bölegi bilen ýokarsy.

5. Künji tohumy we möwsümi duz bilen bezeliň.

Iýmitleniş maglumatlary:Kaloriýa 458 Jemi ýag 39 g doýgun ýag 4 g Jemi uglewodlar 20 g Jemi uglewodlar 6 g belok 13 g Şeker: 8 g Süýüm: 14 g Natriý: 118 mg Kaliý 1184 mg

Lezzetli peýnir we kremli ysmanak ýapraklary: 2

Bişirmek wagty: 12 minut

Goşundylar:

½ käse badam uny

½ çemçe sarymsak tozy

½ çemçe duz

1 organiki ýumurtga

1½ nahar çemçesi agyr gamçy

¼ käse feta peýnir

½ nahar çemçesi zeýtun ýagy

Görkezmeler:

1. Peçini açyň, 350 ° F-a belläň we gyzdyryň.

2. Şol aralykda, ähli maddalary blenderde goýup, gutapjyk hamyryny taýýarlaň we tekiz bolýança 2 minut uruň.

3. Kukileri taýýarlaň we taýýarlanan hamyry iş ýüzüne goýuň we 1 dýuým topa öwüriň.

4. Kukiler sahypasyny alyň, ýag bilen ýaglaň, soňra gutapjyklary belli bir aralykda goýuň we bişýänçä we ajaýyp altyn bolýança 12 minut bişirmeli.

5. Doneerine ýetirilenden soň, gutapjyklary gutapjyk sahypasynda 5 minut sowadyň, soňra doly sowatmak we hyzmat etmek üçin sim rafyna geçiriň.

Iýmitleniş maglumatlary:Kaloriýa 294, jemi ýag 24 g, karbalar 7,8 g, belok 12,2 g, şeker 1,1 g, natriý 840 mg

Bir gije alma-darçynyň bölekleri: 2

Goşundylar:

1 dogralan alma

2 nahar çemçesi. Çia tohumy

½ çemçe. ýer darçyny

½ çemçe. arassa vanil ekstrakty

1¼ c. ýagsyz süýt

Köşer duzy

1 c. köne moda süle

2 nahar çemçesi. Gadyrly

Görkezmeler:

1. Süle, çia tohumy ýa-da ýer zygyrlary, süýt, darçyn, bal ýa-da akja şerbeti, vanil ekstraktyny we duzy iki sany Mason bankasyna bölüň.

Gapaklary ýokarsyna berk ýapyň we doly birleşýänçä sarsyň.

2. Gapaklary aýyryň we her banka ýarym kesilen alma goşuň.

Isleseňiz üstüne has köp darçyny sepiň. Gapaklary bankalara berk goýuň we azyndan 4 sagat ýa-da bir gije sowadyň.

3. Bir gijeki süle bir gezek ulanylýan gaplarda sowadyjyda 3 güne çenli saklap bilersiňiz.

<u>Iýmitleniş maglumatlary:</u>Kaloriýa: 339, ýag: 8g, ugler: 60g, belok: 13g, şeker: 15g, natriý: 161mg.

Ösümlik ýuwulan ýumurtga iýmiti: 4

Bişirmek wagty: 35 minut

Goşundylar:

Çöreklenen ownuk täze kartoşka - 10 oz

Zakar, dogralan - 1

Sarymsak, dogralan - 2 sany ýorunja

Gyzyl burç, dogralan - 1

Sary burç, dogralan - 1

Greenaşyl sogan, dogralan - 2

Artykmaç zeýtun ýagy - 2 nahar çemçesi

Deňiz duzy - 0,75 nahar çemçesi

Gyzyl burç çemçe - 0,5 nahar çemçesi

Uly ýumurtga - 4

Gara burç, ýer - 0,25 çemçe

Görkezmeler:

1. Çöreklenen kartoşkany duzly suwda uly gazanda, takmynan alty-sekiz minut gaýnadyň. Olary suwlaň, suwy taşlaň.

2. Çöreklenen kartoşkany burç, nahar, sarymsak we zeýtun ýagy bilen uly gazana goşuň. Tohumlary ýumurtga heşiniň üstüne sepiň we gök önümler gyzarýança sekiz-10 minut töweregi gaýnadyň.

Nahar bişirmegi üpjün etmek üçin hasany her minutda gowy garmaly.

3. Gök önümler taýýar bolanda, ýumurtga üçin dört krater ýa-da guýy döretmek üçin bir çemçe ulanyň. Eggsumurtgalary kraterlere bölüň, her kraterde bir ýumurtga. Gazanyň içine gapak goýuň we ýumurtgalary dört-bäş minutlap, islegiňize görä bişýänçä bişirmeli.

4. Ösümlik heşiniň tabagyny otdan çykaryň, ýaşyl sogan bilen sepiň we heşden we ýumurtgadan lezzet alyň.

Gyzyl sogan bilen möwsümleýin brokkoli, karam we tofu

Bölümler: 2

Bişirmek wagty: 25 minut

Goşundylar:

2 käse brokkoli gülleri

2 käse karam gülleri

1 orta gyzyl sogan, dogralan

3 nahar çemçesi goşmaça bakja zeýtun ýagy

1 çaý çemçesi duz

¼ çaý çemçesi täze ýer gara burç

1 dýuým kublara bölünen 1 funt firma tofu

1 sarymsak, dogralan

1 (¼-dýuým) täze zynjyr, ownuk

Görkezmeler:

1. Peçini 400 ° F çenli gyzdyryň.

2. Brokkoli, karam, sogan, ýag, duz we burç birleşdirip, uly çörek bişirilýän kagyzda gowy atyň.

3. Gök önümler ýumşak bolýança, 10-15 minut gowurmaly.

4. Tofu, sarymsak we zynjyr goşuň. 10 minut gowurmaly.

5. Tofu gök önümler bilen birleşdirip, hyzmat etmek üçin çörek bişirilýän kagyzdaky maddalary ýuwaşlyk bilen garmaly.

Iýmitleniş maglumatlary:Kaloriýa 210 Jemi ýag: 15 g Jemi ugler: 11 g Şeker: 4 g Süýüm: 4 g Belok: 12 g Natriý: 626 mg

Fasulye we salmon pan hyzmaty: 4

Bişirmek wagty: 25 minut

Goşundylar:

1 käse konserwirlenen gara noýba, 4 sany sarymsak sarymsak bilen guradyldy we ýuwuldy

1 sary sogan, dogralan

2 nahar çemçesi zeýtun ýagy

4 sany losos filesi

As çaý çemçesi koriander, ýer

1 çaý çemçesi zerdejik tozy

2 pomidor, kesilen

½ käse towuk çorbasy

Bir çümmük duz we gara burç

½ nahar çemçesi

1 nahar çemçesi çaý, dogralan

Görkezmeler:

1. Gazany ýag bilen orta otda gyzdyryň, sogan we sarymsak goşuň we 5 minut gowurmaly.

2. Balygy goşuň we iki gapdalynda 2 minut gowurmaly.

3. Fasulye we beýleki goşundylary goşuň, ýuwaşlyk bilen garmaly we ýene 10 minut bişirmeli.

4. Garyndyny tabaklara bölüň we günortanlyk naharyna hyzmat ediň.

Iýmitleniş maglumatlary:kaloriýa 219, ýag 8, süýüm 8, uglewodlar 12, belok 8

Käşir çorbasy: 4

Bişirmek wagty: 40 minut

Goşundylar:

1 käse çörek sogan, dogralan

1 nahar çemçesi. Zeýtun ýagy

1 nahar çemçesi. Zerdeçal tozy

14 ½ oz. Kokos süýdü, ýeňil

3 käse Käşir, dogralan

1 leňňe, ýuwulmaly we dilimlenmeli

1 nahar çemçesi. Zynjyr, grated

3 käse gök önüm çorbasy

1 käse şüweleň, dogralan

Dadyp görmek üçin duz we burç

2 sany sarymsak gaby, dogralan

Görkezmeler:

1. Başlamak üçin Gollandiýaly ojagy orta ýokary otda gyzdyryň.

2. Oňa bir çemçe ýag goşup, şüweleň, gök, käşir we leňňe garmaly. Gowy garmaly.

3. Indi ony 4-5 minut ýa-da ýumşaýança goňurlaň.

4. Soňra oňa zerdeçal, zynjyr, burç we sarymsak goşuň. Anotherene 1-2 minut bişirmeli.

5. Soňra onuň üstüne çorba we kokos süýdüni guýuň. Gowy birleşdiriň.

6. Şondan soň garyndyny gaýnadyň we Gollandiýa peçini ýapyň.

7. 20 minut gaýnadyň.

8. Nahar bişirilenden soň, garyndyny ýokary tizlikli blenderde goýuň we 1-2 minut garyşdyryň ýa-da kremli we tekiz çorba alýançaňyz.

9. Tagamy barlaň we zerur bolsa çemçe bilen duz we burç goşuň.

<u>Iýmitleniş maglumatlary:</u>Kaloriýa: 210.4 Kkal beloklar: 2,11 g Uglewodlar: 25,64 gr ýaglar: 10,91 gr

Sagdyn makaron salatynyň hyzmatlary: 6

Bişirmek wagty: 10 minut

Goşundylar:

1 paket glýutsiz fusilli makaron

1 stakan üzüm pomidor, dilimlenen

1 eli täze silantro, dogralan

1 käse zeýtun, ýarym

1 stakan täze reyhan, dogralan

½ käse zeýtun ýagy

Deňiz duzy

Görkezmeler:

1. Zeýtun ýagyny, dogralan reyhan, koriander we deňiz duzuny çaýlaň.

Bir gapdala goýmak.

2. Makarony paket görkezmelerine laýyklykda bişiriň, guradyň we ýuwuň.

3. Makaronlary pomidor we zeýtun bilen birleşdiriň.

4. Zeýtun ýagynyň garyndysyny goşuň we gowy birleşýänçä garmaly.

<u>Iýmitleniş maglumatlary:</u>Jemi uglewodlar 66 g Süýüm: 5 g Belok: 13 g Jemi ýag: 23 g Kaloriýa: 525

Nohut köri hyzmaty: 4-den 6-a çenli

Bişirmek wagty: 25 minut

Goşundylar:

2 x 15 oz. Nohut, ýuwuldy, guradyldy we 2 nahar çemçesi gaýnadyldy. Zeýtun ýagy

1 nahar çemçesi. Zerdeçal tozy

½ 1 sogan, dogralan

1 nahar çemçesi. Kaýen, toprakly

4 sany sarymsak ýorunja, dogralan

2 nahar çemçesi. Çili tozy

15 oz. Pomidor püresi

Zerur bolanda gara burç

2 nahar çemçesi. Pomidor pastasy

1 nahar çemçesi. Kaýen, toprakly

½ çemçe. Akja şerbeti

½ 15 oz. kokos süýdünden

2 nahar çemçesi. Zer, ýer

2 nahar çemçesi. Çekilen paprika

Görkezmeler:

1. Uly skeleti orta ýokary otda gyzdyryň. Munuň üçin bir çemçe bilen ýag goşuň.

2. hotag gyzanda, sogan bilen garmaly we 3-4 bişirmeli

minut ýa-da ýumşaýança.

3. Soňra pomidor pastasy, akja şerbeti, ähli ysly zatlar, pomidor püresi we sarymsak goşuň. Gowy garmaly.

4. Soňra oňa kokos süýdü, gara burç we duz bilen gaýnadylan nohut goşuň.

5. Indi hemme zady gowy garmaly we 8-10-a çenli gaýnadyň

minut ýa-da galyňlaşýança.

6. Üstüne hek suwuny çalyň we isleseňiz silantro bilen bezeliň.

Iýmitleniş maglumatlary:Kaloriýa: 224 Kkal beloklar: 15,2 g Uglewodlar: 32,4 gr ýaglar: 7,5 gr

Stroganoff üçin ownuk et goşundylary:

1 funt ýuka et

1 ownuk sogan, dogralan

1 sarymsak ýorunja dogralan

3/4 funt täze kömelek, dilimlenen

3 nahar çemçesi un

2 käse et çorbasy

dadyp görmek üçin duz we burç

2 çaý çemçesi Worcestershire sousy

3/4 käse ýiti krem

2 nahar çemçesi täze petruşka

Görkezmeler:

1. Goňur reňkli ýer gamburger, sogan we sarymsak (hiç zady kesmezlige synanyşyň) bir gülgüne gülgüne galýança. Kanal ýagy.

2. Dogralan kömelekleri goşuň we 2-3 minut bişirmeli. Uny garmaly we ýuwaş-ýuwaşdan 1 minut bişirmeli.

3. Aksiýa, Worcestershire sousy, duz we burç goşup, gaýnadyň. Heatylylygy azaldyň we 10 minut pes otda gaýnadyň.

Eggumurtga naharlaryny paketiň atlaryna görä bişiriň.

4. Et garyndysyny otdan çykaryň, ýiti kremde we petruşkada garmaly.

5. eggumurtga naharlarynyň üstünde hyzmat ediň.

Lezzetli gysga gapak hyzmatlary: 4

Bişirmek wagty: 65 minut

Goşundylar:

2 funt. sygyr etiniň gysga gapyrgalary

1 nahar çemçesi zeýtun ýagy

1 nahar çemçesi soýa sousy

1 nahar çemçesi Worcestershire sousy

1 nahar çemçesi

1 ¼ käse sogan, dogralan.

1 nahar çemçesi dogralan sarymsak

1/2 käse gyzyl çakyr

⅓ käse ketçup, şekersiz

Dadyp görmek üçin duz we gara burç

Görkezmeler:

1. Gapyrgalary üç bölege bölüň we gara burç we duz bilen sürtüň.

2. Basyş ojagyna ýag goşuň we Sauté basyň.

3. Gapyrgalary ýagda goýuň we iki gapdalynda 5 minut gowurmaly.

4. Sogan atyp, 4 minut gowurmaly.

5. Sarymsagy garmaly we 1 minut bişirmeli.

6. Galan maddalary bir tabaga çalyň we gapyrgalaryň üstüne guýuň.

7. Basyş peçine salyň we el bilen ýokary basyşda 55 minut bişirmeli.

8. doneerine ýetirilenden soň basyşy tebigy ýagdaýda boşadyň we gapagyny aýyryň.

9. warmyly hyzmat ediň.

<u>Iýmitleniş maglumatlary:</u>Kaloriýa 555, uglewodlar 12,8 g, belok 66,7 g, ýag 22,3 g, süýüm 0,9 gr

Towuk we glýutsiz nahar çorbasy: 4

Bişirmek wagty: 25 minut

Goşundylar:

¼ käse goşmaça zeýtun ýagy

¼ dýuým dilimlere kesilen 3 sany selderýa sapagy

¼ dýuým kublara bölünen 2 sany orta käşir

¼ dýuým kublara kesilen 1 ownuk sogan

1 sany täze biberi

4 käse towuk çorbasy

8 oz glýutsiz ruçka

1 çaý çemçesi duz

¼ çaý çemçesi täze ýer gara burç

2 käse dogralan gowrulan towuk

¼ käse inçejik dogralan täze ýaprakly petruşka<u>Görkezmeler:</u>

1. largeagy uly otda uly otda gyzdyryň.

2. Selderey, käşir, sogan, bibariya we sogan, ýumşaýança 5-7 minut goşuň.

3. Çorba, ruçka, duz we burç goşup gaýnadyň.

4. Galam ýumşaýança gaýnadyň we 8-10 minut bişirmeli.

5. Bibijan spigini aýyryň we taşlaň we towuk we petruşka goşuň.

6. heatylylygy peseldiň. 5 minut bişirmeli we hyzmat et.

Iýmitleniş maglumatlary:Kaloriýa 485 Jemi ýag: 18 g Jemi ugler: 47 g Şeker: 4 g Süýüm: 7 g Belok: 33 g Natriý: 1423 mg

Enter ýüzi köri: 4

Bişirmek wagty: 40 minut

Goşundylar:

2 nahar çemçesi. Gorçisa tohumy

1 nahar çemçesi. Zerdeçal, ýer

1 stakan mekgejöwen

2 nahar çemçesi. Zer tohumy

1 pomidor, uly we dogralan

1 sary sogan, inçejik dilimlenen

4 käse suw

Zerur bolanda deňiz duzy

Halfarym aýa bölünen 2 käşir

3 eli ysmanak ýapragy, dogralan

1 nahar çemçesi. Zynjyr, dogralan

½ çemçe. Çili tozy

2 nahar çemçesi. Kokos ýagy

Görkezmeler:

1. Ilki bilen kömelek noýbasyny we suwy orta ýokary otda çuň gazanda goýuň.

2. Indi noýba garyndysyny gaýnadyň.

3. 20-30 minut gaýnadyň ýa-da kömelek noýbasy ýumşaýança gaýnadyň.

4. Soňra kokos ýagyny uly gazanda orta otda gyzdyryp, gorçisa tohumyna we kimyon bilen garmaly.

5. Gorçisa tohumy çykanda, sogan goşuň. Soganlary gowurmaly 4

minut ýa-da ýumşaýança.

6. Sarymsagy bir çemçe bilen goşuň we ýene 1 minut gowurmagy dowam etdiriň.

Ysly bolanda, oňa çemçe bilen zerdeçal we çili tozy goşuň.

7. Soňra käşir we pomidor goşuň - 6 minut bişirmeli ýa-da ýumşaýança bişirmeli.

8. Iň soňunda, bişirilen mekgejöweni goşuň we hemme zady gowy garmaly.

9. Ysmanak ýapraklaryny garmaly we süpürilýänçä gaýnatmaly. Otdan çykaryň. Warmyly hyzmat ediň we lezzet alyň.

Iýmitleniş maglumatlary: Kaloriýa 290 Kkal beloklar: 14 g Uglewodlar: 43 g ýaglar: 8 gr

Towuk we nohut bölekleri: 4

Bişirmek wagty: 10 minut

Goşundylar:

1 ¼ käse süňksiz derisiz towuk göwsi, inçejik dilimlenen 3 nahar çemçesi täze silantro, dogralan

2 nahar çemçesi ösümlik ýagy

2 nahar çemçesi künji tohumy

1 topar gabyk inçejik dilimlenýär

2 çaý çemçesi Sriraça

2 sany sarymsak gaby, dogralan

2 nahar çemçesi tüwi sirkesi

1 jaň burç, inçejik dilimlenen

3 nahar çemçesi soýa sousy

2½ käse däne nohut

Duz, dadyp görmek

Dadyp görmek üçin täze ýer gara burç

Görkezmeler:

1. theagy orta otda gazanda gyzdyryň. Sarymsak we inçe dilimlenen gabyklary goşuň. Bir minut bişirmeli, soňra paprika bilen birlikde 2 ½ käse alça nohut goşuň. Softumşak bolýança bişiriň, bary-ýogy 3-4 minut.

2. Towugy goşuň we takmynan 4-5 minut bişirmeli ýa-da doly bişýänçä bişirmeli.

3. 2 çaý çemçesi Sriraça, 2 nahar çemçesi künji tohumy, 3 goşuň

bir nahar çemçesi soýa sousy we 2 nahar çemçesi tüwi sirkesi. Gowy birleşýänçä hemme zady silkit. Pes otda 2-3 minut gaýnatmaly.

4. 3 nahar çemçesi dogralan koriander goşup, gowy garmaly. Gerek bolsa goşmaça künji tohumy we silantro bilen sepiň. Lezzet al!

Iýmitleniş maglumatlary:228 kaloriýa 11g ýag 11g karb jemi 20g belok

Ansi badamly şireli brokkoli Hyzmatlary: 6

Bişirmek wagty: 10 minut

Goşundylar:

2 sany brokkoli, kesilen

1 nahar çemçesi goşmaça zeýtun ýagy

1 uzyn täze gyzyl çilli, tohumly, inçe kesilen 2 sarymsak gaby, inçe dilimlenen

¼ käse çig badam, gaty dogralan

2 çaý çemçesi limon zest, inçe grated

Limon suwuny gysyp, täze

Oilagda 4 sany ansi, dogralan

Görkezmeler:

1. oilagy uly gazanda gyzdyryň. Dökülen ansi, sarymsak, çilli we limon görnüşini goşuň. Ysly bolýança bişiriň, 30

sekuntlar, ýygy-ýygydan garyşdyrmak. Badam goşuň we ýygy-ýygydan garyşdyryp, ýene bir minut bişirmäge dowam ediň. Heatylylykdan aýyryň we täze limon suwuny gysyň.

2. Soňra brokkoly gaýnag suwuň üstünde goýlan bug sebedine goýuň. Gaplaň we çişýänçä bişirmeli, 2

3 minuda çenli. Gowy süzüň we soňra uly hyzmat ediş tabagyna geçiriň. Badam garyndysy bilen ýokarsy. Lezzet al.

Iýmitleniş maglumatlary:kkal 350 ýaglar: 7 g süýümler: 3 g beloklar: 6 gr

Şiitake we ysmanak patti hyzmatlary: 8

Bişirmek wagty: 15 minut

Goşundylar:

1 ½ stakan şiitake kömelegi, dogralan

1 ½ käse ysmanak, dogralan

3 sany sarymsak ýorunja, dogralan

2 sogan, dogralan

4 nahar çemçesi. zeýtun ýagy

1 ýumurtga

1 ½ käse kwino, bişirilen

1 nahar çemçesi. Italýan tagamy

1/3 käse tostlanan günebakar tohumy, toprak

1/3 käse pecorino peýniri, grated

Görkezmeler:

1. Zeýtun ýagyny gazanda gyzdyryň. Gyzgyn bolanda, şiitake kömeleklerini 3 minut gowurmaly ýa-da ýeňil ot alýança. Sarymsak we sogan goşuň. 2 minut gowurmaly ýa-da hoşboý we aç-açan bolýança. Bir gapdala goýmak.

2. Galan zeýtun ýagyny şol gazanda gyzdyryň. Ysmanak goşuň. Heatylylygy peseldiň, soňra 1 minut gaýnadyň, suw guýuň we kolanda geçiriň.

3. Ysmanagy inçejik edip kesiň we kömelek garyndysyna goşuň. Ysmanak garyndysyna ýumurtga goşuň. Bişirilen kwinoda - italýan tagamy bilen möwsüm, soňra gowy birleşýänçä zyňyň. Günebakar tohumy we peýnir sepiň.

4. Ysmanak garyndysyny pattalara bölüň - pattalary 5 minut bişirmeli

minut ýa-da berk we altyn goňur bolýança. Burger bulkalary bilen hyzmat ediň.

Iýmitleniş maglumatlary:Kaloriýa 43 Uglewodlar: 9 g Fatag: 0 g Belok: 3 gr

Brokkoli karam salat naharlary: 6

Bişirmek wagty: 20 minut

Goşundylar:

¼ çemçe. Gara burç, ýer

3 stakan karam gülleri

1 nahar çemçesi. Sirke

1 nahar çemçesi. Gadyrly

8 käse kale, dogralan

3 käse brokkoli gülleri

4 nahar çemçesi. Artykmaç zeýtun ýagy

½ çemçe. duz

1 nahar çemçesi. Dijon gorçisa

1 nahar çemçesi. Gadyrly

½ käse alça, guradylan

1/3 käse pecan, dogralan

1 käse manchego peýniri, syrylan

Görkezmeler:

1. Peçini 450° F çenli gyzdyryň we ortaky taýaga çörek bişiriň.

2. Ondan soň, karam we brokkoli güllerini uly gaba salyň.

3. Oňa ýarym çemçe duz, iki nahar çemçesi ýag we burç goşuň. Gowy zyňyň.

4. Indi garyndyny gyzdyrylan tabaga geçiriň we arasyna öwrülip 12 minut bişirmeli.

5. softumşak we altyn öwrülende, ojakdan çykaryň we doly sowadyň.

6. Bu aralykda, başga bir tabakda galan iki nahar çemçesi ýag, sirke, bal, gorçisa we duz garmaly.

7. Bu garyndyny eliňiz bilen ýapraklara habar iberip, kale ýapraklaryna çalyň. 3-5 minut bir gyrada saklaň.

8. Ahyrynda, gowrulan gök önümleri, peýniri, alça we pekany brokkoli-karam salatyna garmaly.

Iýmitleniş maglumatlary: Kaloriýa: 259 Kkal beloklar: 8,4 g Uglewodlar: 23,2 gr ýaglar: 16,3 gr

Towuk salady, hytaý el degirmeni bilen: 3

Bişirmek wagty: 25 minut

Goşundylar:

1 orta ýaşyl sogan (inçe dilimlenen)

2 sany towuk göwsi

2 nahar çemçesi soýa sousy

¼ çaý çemçesi ak burç

1 nahar çemçesi künji ýagy

4 stakan roma saly (dogralan)

1 käse kelem (böleklenen)

Small ownuk kublar bilen käse käşir

¼ käse inçe dilimlenen badam

¼ käse naharlary (diňe hyzmat etmek üçin)

Hytaý sousyny taýýarlamak üçin:

1 dogralan sarymsak ýorunja

1 çaý çemçesi soýa sousy

1 nahar çemçesi künji ýagy

2 nahar çemçesi tüwi sirkesi

1 nahar çemçesi Şeker

Görkezmeler:

1. Bir tabakdaky ähli maddalary çaýkap, hytaý sousyny ýasaň.

2. Towuk göwüsini bir tabaga sarymsak, zeýtun ýagy, soýa sousy we ak burç bilen 20 minut çalyň.

3. Çörek bişirilýän tabagy gyzdyrylan peje (225C) goýuň.

4. Towuk göwüsini çörek bişirilýän ýere goýuň we 20 töweregi bişirmeli minut.

5. Salady ýygnamak üçin roma salyny, kelem, käşir we ýaşyl sogan birleşdiriň.

6. Hyzmat etmek üçin bir towuk bölejigini bir tabaga goýuň we üstüne salat goşuň. Sousy nahar bilen bilelikde guýuň.

<u>Iýmitleniş maglumatlary:</u>Kaloriýa 130 Uglewodlar: 10 g ýaglar: 6 g Beloklar: 10 gr

Amaranth we kwino bilen doldurylan burç bölekleri: 4

Bişirmek wagty: 1 sagat 10 minut

Goşundylar:

2 nahar çemçesi Amaranth

1 orta gök, kesilen, grated

2 üzüm bişen pomidor, dogralan

2/3 käse (takmynan 135 g) kwino

1 orta sogan, inçe kesilen

2 ezilen sarymsak gaby

1 çaý çemçesi ýer kimyon

2 nahar çemçesi ýeňil tostlanan günebakar tohumy 75g ricotta peýniri, täze

2 nahar çemçesi smorodina

4 sany uly jaň burç, uzynlygy iki esse we 2 nahar çemçesi petruşka, gaty dogralan<u>Görkezmeler:</u>

1. Çörek bişirilýän kagyzy, has gowusy, pergament kagyzy (taýak däl) bilen çyzyp, ojagy 350 F çenli gyzdyryň, orta gazana ýarym kwartal suw guýuň, soňra amarant we kwino goşuň; orta otda gaýnadyň. Bir gezek gutaransoň, ýylylygy peseldiň; däneler al dente we suw siňýänçä ýapyň we gaýnadyň, 12-15

minut. Heatylylykdan aýyryň we bir gapdalda goýuň.

2. Bu aralykda, uly gazany ýeňil ýaglaň we orta otda gyzdyryň. Gyzgyn bolanda, sogan bilen sogan goşup, ýumşaýança birnäçe minut bişirmeli, ýygy-ýygydan garmaly. Zer we sarymsak goşuň; bir minut bişirmeli. Otdan çykaryň we sowatmak üçin bir gapdalda goýuň.

3. Galla, sogan, garyndy, günebakar tohumy, smorodina, petruşka, ricotta we pomidor garylan gaba goýuň, has gowusy; ingredientleri gowy birleşýänçä gowy garmaly - burç we duz bilen möwsüm.

4. Burçlary taýýarlanan kwino garyndysy bilen dolduryň we tabagy alýumin folga bilen örtüp, tarelka goýuň - 17-20 bişirmeli

minut. Folga aýyryň we doldurgyç altyn bolýança we gök önümler ýumşak bolýança 15-20 minut bişirmeli.

<u>Iýmitleniş maglumatlary:</u>kkal 200 ýag: 8,5 g süýümler: 8 g beloklar: 15 gr

Çişik peýnir bilen örtülen balyk filetiniň bölekleri: 4

Bişirmek wagty: 10 minut

Goşundylar:

Wheat bugdaý çörek böleklerini käse

¼ käse Parmesan peýniri, grated

¼ çaý çemçesi deňiz duzy ¼ çaý çemçesi ýer burç

1 nahar çemçesi. zeýtun ýagy 4 tilapiýa filesi

Görkezmeler:

1. Peçini 375 ° F çenli gyzdyryň.

2. Bir tabaga çörek bölekleri, parmesan peýniri, duz, burç we zeýtun ýagyny garmaly.

3. Gowy birleşýänçä gowy garmaly.

4. Filletleri garyndy bilen örtüň we ýeňil sepilen çörek bişirilýän kagyzyň üstünde goýuň.

5. Sahypany ojakda goýuň.

6. Filetler bişýänçä we goňur bolýança 10 minut bişirmeli.

Iýmitleniş maglumatlary:Kaloriýa: 255: ag: 7 g Belok: 15,9 g Uglewodlar: 34 g
Süýüm: 2,6 g

Belok güýji noýbasy we ýaşyl reňkli gabyklar

Goşundylar:

Hakyky ýa-da umman duzy

Zeýtun ýagy

12 oz. bir topar adaty ululykdaky gutular (takmynan 40) 1 funt çygly, dogralan ysmanak

2-den 3-e çenli sarymsak gabygy, gabykly we bölünen

15-16 oz. ricotta cheddar (iň gowy ýag / tutuş süýt) 2 ýumurtga

1 sany ak noýba (kannellini ýaly), guradylan we ýuwulan

Green C ýaşyl pesto, adaty ýasalan ýa-da ýerli görnüşli gara burç

3 C (ýa-da has köp) marinara sousy

Grated parmesan ýa-da pecorino kedr (islege görä)Görkezmeler:

1. Her niçigem bolsa, ullakan gazanda gaýnatmak üçin 5 litr suw getiriň (ýa-da iki kiçi partiýada işläň). Bir nahar çemçesi duz goşuň, zeýtun ýagyna we gabygyna sepiň. Gabyklary izolýasiýa etmek üçin wagtal-wagtal garyşdyryp, takmynan 9 minutlap (ýa-da gaty birneme berk bolýança) köpürjikläň. Gabyklary ýuwaşlyk bilen kolanda ýa-da açyk çemçe bilen suwdan çykaryň. Salkyn suw bilen çalt ýuwuň. Berkidilen plyonka bilen çörek bişirilýän kagyzy

çyzyň. Erikler ýeterlik derejede salkyn bolanda, goşmaça suw guýup, bir gapagy bir gap gabyna goýup, el bilen bölüň. Iş ýüzünde sowadylanda, ony ýuwaş-ýuwaşdan plastmassa örtüň.

2. Birnäçe litr suw getiriň (ýa-da taşlamadyk bolsaňyz, makaron suwuny ulanyň) şuňa meňzeş gazanyň köpüsine getiriň. Süpürilen ysmanagy goşuň we ýumşaýança üç minut ýokary bişirmeli. Açyklaryň ullakan bolmazlygy üçin çygly kagyz polotensalary bilen bir kolanderi çyzyň, şonda ysmanagy ugrukdyryň. Dolduryp başlanyňyzda has köp suw guýmak üçin jamyň üstünde süzgüç goýuň.

3. Iýmit prosessoryna diňe sarymsagy goşuň we inçe kesilençä we gapdallaryna ýapyşýança gyzdyryň. Gazanyň gapdallaryny gyryň, soňra ricotta, ýumurtga, noýba, pesto, 1½ goşuň

bir çaý çemçesi duz we birnäçe çümmük burç (güýçli gysyş). Üýtgeýän suwy gowy akdyrmak üçin tutawajyňyzdaky ysmanagy basyň, şol wagt iýmit prosessoryna dürli goşundylar goşuň. Birnäçe ownuk ysmanak henizem görünýänçä, iş ýüzünde tekiz bolýança işlediň. Çig ýumurtga goşanymdan soň dadyp görmäge ýykgyn edýärin, ýöne şonda-da esasy tagamyň birneme peseljekdigini we şoňa görä tagamy sazlamagyňyz mümkin.

4. Broýeri 350 (F) çenli gyzdyryň we 9 x 13-e duş ýa-da ýeňil ýag çalyň "

tabak, başga-da bir kiçi gülli tagam (takmynan 8-10 gabyk 9 x 13-e gabat gelmez). Gabyklary doldurmak üçin, her gabyny öz gezegiňizde alyň, agalyk etmeýän eliňiziň başam barmagy we barmak barmagy bilen açyň. 3-4 nahar çemçesini beýleki eliňiz bilen çalyň we gabygyň içine çalyň. Olaryň köpüsi gowy görünmeýär, bu gowy! Doldurylan gabyklary taýýar gapda birleşdiriň.

Sousy gabyklara çemçe, ýaşyl doldurgyç böleklerini aýdyp bolmaýar.

Konteýni dogralan ýag bilen ýaglaň we 30 minut taýýarlaň. Temperaturany 375 (F) çenli ýokarlandyryň, grated Parmesany gabyklara sepiň we ýene 5 dereje gyzdyryň.

kedr eräp, çyglylyk azalýança 10 minuda çenli.

5. 5-10 minut sowadyň, soň özbaşdak ýa-da garyşyk gök önümleriň täze tabagy bilen pikir ediň!

Aziýa nahar salatynyň düzümi:

8 oz uzyn ýeňil bugdaý makaron nahary - spagetti ýaly (glýutsyz öndürmek üçin soba naharlaryny ulanyň) 24 oz Mannyň Brokkoli Cole Slaw - 2 12 oz halta 4 oz kesilen käşir

1/4 käse goşmaça bakja zeýtun ýagy

1/4 käse tüwi sirkesi

3 nahar çemçesi nektar - Weggie söýgüli etmek üçin ýeňil agave nektaryny ulanyň

3 nahar çemçesi süýümli iýmit ýaýrady

2 nahar çemçesi az natriý soýa sousy - zerur bolsa glýutsyz 1 nahar çemçesi Sriraça burç sousy ýa-da sarymsak çili sousy we başga-da tagamly

1 nahar çemçesi dogralan täze zynjyr

2 çaý çemçesi ownuk sarymsak - takmynan 4 sany çorba 3/4 stakan gowrulan duzlanmadyk nohut - takmynan dogralan 3/4 stakan täze silantro - inçe kesilen;

Görkezmeler:

1. ullakan gazana duzly suw gaýnadyň. Naharlary paket sözbaşylaryna görä gaýnadyň, henizem gaty bolýança. Artykmaç krahmaly aýyrmak we bişirmegi

bes etmek üçin salkyn suw bilen çalt ýuwuň. Bu pursatda ullakan bir tabaga geçiriň. Brokkoli rabe we käşir goşuň.

2. Makaron bişirilende, zeýtun ýagyny, tüwi sirkesini, nektar, hoz ýagy, soýa sousy, Sriarça, zynjyr we sarymsagy bilelikde bulamaly. Nahar garyndysyna guýuň we birleşdirmek üçin silkäň. Arahis we silantro goşup, ýene zyňyň. Sowadylan ýa-da otag temperaturasynda isleýşiňiz ýaly goşmaça Sriraça sousy bilen hyzmat ediň.

3. Formula bellikleri

4. Aziýa nahar salatyna sowuk ýa-da otag temperaturasynda hödürlenip bilner.

Saklamak, sowadyjyda suw geçirmeýän / howa geçirmeýän gapda 3 güne çenli dowam eder.

Sogan we ýaşyl noýba bölekleri: 4

Bişirmek wagty: 26 minut

Goşundylar:

2 nahar çemçesi zeýtun ýagy

1 sary sogan, dogralan

4 sany losos filesi

1 käse ýaşyl noýba, kesilen we ýarym

2 sany sarymsak gaby, dogralan

½ käse towuk çorbasy

1 çaý çemçesi çili tozy

1 nahar çemçe süýji paprika

Bir çümmük duz we gara burç

1 nahar çemçesi silantro, dogralan

Görkezmeler:

1. Gazany orta otda ýag bilen gyzdyryň, sogan goşuň, bulamaly we 2 minut gaýnatmaly.

2. Balygy goşuň we iki gapdalynda 2 minut gowurmaly.

3. Galan maddalary goşuň, ýuwaşlyk bilen garmaly we hemme zady 360 gradus F-da 20 minut bişirmeli.

4. Hemme zady tabaklara bölüň we günortanlyk naharyna hyzmat ediň.

<u>Iýmitleniş maglumatlary:</u>kaloriýa 322, ýag 18.3, süýüm 2, uglewodlar 5,8, belok 35,7

Peýnirli towuk goşundylary:

2 sogan (inçe kesilen)

2 tohumly jalapeños (inçe dilimlenen)

1/4 c. koriander

1 nahar çemçesi. hek pizzaz

4 unsi Monterey Jek çeddar (gaty ýer) 4 sany ownuk, derisiz towuk göwsi

3 nahar çemçesi. zeýtun ýagy

duz

Burç

3 nahar çemçesi. hek şiresi

2 jaň burç (inçe kesilen)

1/2 ownuk gyzyl sogan (inçe kesilen)

5 c. ýyrtylan roma salyny

Görkezmeler:

1. Broýleri 450 ° F çenli gyzdyryň. Garynjalary we tohumly jalapeñoslary, 1/4 käse silantrony (dogralan) we hek atyň, soňra Monterey Jek çeddar bilen üstüňize atyň.

2. Pyçagy her bir süňksiz, derisiz towuk göwüsiniň has galyň bölegine tegelekläň we tötänleýin göz öňüne getirişiňiz ýaly giň bolan 1/2 dýuým jübüsini döretmek üçin ony yza we öňe süýşüriň. Towugy kedr garyndysy bilen dolduryň.

3. Uly naharda 2 nahar çemçesi zeýtun ýagyny gyzdyryň.

Towugy duz we burç bilen möwsümläň we bir tarapynda garaňky bolýança 3-4 minut bişirmeli. Towugy öwüriň we 10-12 minut bişýänçä gaýnadyň.

4. Şol aralykda, hek suwuny uly gaba çaýlaň, 1

bir nahar çemçesi zeýtun ýagy we 1/2 çaý çemçesi duz. Jaň burçuny we gyzyl sogan goşup, wagtal-wagtal garyşdyryp, 10 minut duruň. Romaý salaty we 1 stakan täze silantro bilen atyldy. Towuk we hek takyrlary bilen gaplaň.

Gorgonzola sousy bilen Arugula Hyzmatlary: 4

Bişirmek wagty: 0 minut

Goşundylar:

1 topar arugula, arassalanan

1 armut, inçejik dilimlenen

1 nahar çemçesi täze limon suwy

1 sarymsak ýorunja, ezilen

1/3 käse Gorgonzola peýniri, döwüldi

1/4 käse gök önüm çorbasy, natriý azaldyldy

Täze ýer burç

4 çaý çemçesi zeýtun ýagy

1 nahar çemçesi sirke sirkesi

Görkezmeler:

1. Armut dilimlerini we limon suwuny bir tabaga goýuň. Palta zyňyň.

Armut dilimlerini arugula bilen bir tabakda tertipläň.

2. Bir tabaga sirke, ýag, peýnir, ätiýaçlyk, burç we sarymsak garmaly. 5 minut goýuň, sarymsagy aýyryň. Sousuň üstüne döküň we hyzmat ediň.

Iýmitleniş maglumatlary:Kaloriýa 145 Uglewodlar: 23 g Fatag: 4 g Belok: 6 gr

Kelem çorbasynyň naharlary: 6

Bişirmek wagty: 35 minut

Goşundylar:

1 sary sogan, dogralan

1 kellesi ýaşyl kelem, dogralan

2 nahar çemçesi zeýtun ýagy

5 käse gök önüm çorbasy

1 käşir, gabykly we grated

Bir çümmük duz we gara burç

1 nahar çemçesi silantro, dogralan

2 çaý çemçesi kekik, dogralan

½ çemçe kakadylan paprika

½ tsp gyzgyn paprika

1 nahar çemçesi limon suwy

Kelem tüwi porsy: 4

Bişirmek wagty: 10 minut

Goşundylar:

¼ käse bişirýän ýag

1 nahar çemçesi. Kokos ýagy

1 nahar çemçesi. Kokos şekeri

4 stakan karam, güllere bölünýär. duz

Görkezmeler:

1. Ilki bilen karamy iýmit prosessorynda gaýtadan işlediň we 1-2 minut gaýtadan işlediň.

2. Irgeagy uly otda orta otda gyzdyryň, soňra gowrulan karam, kokos şekeri we duz çemçe.

3. Olary gowy garmaly we 4-5 minut bişirmeli ýa-da karam biraz ýumşak bolýança bişirmeli.

4. Ahyrynda, kokos süýdüni guýuň we lezzet alyň.

Iýmitleniş maglumatlary:Kaloriýa 108 Kkal beloklar: 27.1 g Uglewodlar: 11 g ýaglar: 6 gr

Feta Frittata we ysmanak bölekleri: 4

Bişirmek wagty: 10 minut

Goşundylar:

½ ownuk goňur sogan

250 gr çaga ysmanagy

½ käse feta peýnir

1 nahar çemçesi sarymsak pastasy

4 ýumurtga

Ysly zatlaryň garyndysy

Dadyp görmek üçin duz we burç

1 nahar çemçesi zeýtun ýagy

Görkezmeler:

1. inagly ýagda ownuk dogralan sogan goşup, orta otda gowurmaly.

2. Ysmanagy açyk goňur sogan bilen goşuň we 2 minut duruň.

3. coldumurtga sowuk ysmanak we sogan garyndysyny goşuň.

4. Indi sarymsak pastasy, duz we burç goşup, garyndyny garmaly.

5. Garyndyny pes otda gaýnadyň we ýumurtga bilen seresaplylyk bilen garmaly.

6. Eggsumurtga feta peýnir goşuň we tabany eýýäm gyzdyrylan panjara salyň.

7. Fritata goňur bolýança 2-3 minut töweregi bişirmeli.

8. Bu feta frittata gyzgyn ýa-da sowuk hyzmat ediň.

Iýmitleniş maglumatlary:Kaloriýa 210 Uglewodlar: 5 g Fatag: 14 g Belok: 21 gr

Otly towuk küýzeleri üçin maddalar:

1 funt towuk

1/2 käse bölek-bölek kelem

1 käşir, gabykly we ýok edilen

Basylan 2 sany sarymsak gaby

2 sany ýaşyl sogan, ýeňil dogralan

1 nahar çemçesi natriý soýa sousyny azaltdy

1 nahar çemçesi sous sakladym

1 nahar çemçesi tebigy ýagdaýda zynjyr

2 çaý çemçesi künji ýagy

1/4 nahar çemçesi ak burç

36 tonna halta

2 nahar çemçesi ösümlik ýagy

ÇILI ýag ýagy:

1/2 stakan ösümlik ýagy

1/4 käse guradylan gyzyl çilim, ezilen

2 sany sarymsak gaby, dogralan

Görkezmeler:

1. Ösümlik ýagyny orta otda ownuk gazanda gyzdyryň. Ezilen burçlary we sarymsagy garmaly, ýag 180 gradusa çenli gyzýança, takmynan 8-10 minut garyşdyryň; belli bir ýerde goý.

2. Uly tabakda towuk, kelem, käşir, sarymsak, ýaşyl sogan, soýa sousy, hozin sousy, zynjyr, künji ýagy we ak burç birleşdiriň.

3. Çorbany ýygnamak üçin örtükleri iş ýüzüne goýuň.

Towuk garyndysynyň 1 nahar çemçesi her gabygyň fokus nokadyna çemçe. Gaplaryň gyralaryny barmagyňyzy ulanyp sürtüň. Garyndyny ýarym aýyň görnüşini emele getirmek üçin dolduryň üstünde epläň, gyralaryny gysyň.

4. Ösümlik ýagyny uly otda orta otda gyzdyryň.

Küýzegärleri bir gatlakda goýuň we ýalpyldawuk we çişýänçä, her tarapa takmynan 2-3 minut bişirmeli.

5. Gyzgyn stew ýagy sousy bilen derrew hyzmat ediň.

Grated karam bilen sarymsak karides, porsiýa: 2

Bişirmek wagty: 15 minut

Goşundylar:

Käşir ýasamak üçin

1 funt karides

2-3 nahar çemçesi Cajun tagamy

duz

1 nahar çemçesi ýag / ghe

Kelem tüwi ýasamak üçin

2 nahar çemçesi

12 unsi karam

1 sarymsak

Duz - dadyp görmek

Görkezmeler:

1. Kelem we sarymsagy orta otda ýumşaýança 8 unsiýa suwda bişirmeli.

2. softumşak karamy iýmit prosessorynda ge bilen garmaly. Dogry yzygiderliligi almak üçin bug suwuny ýuwaş-ýuwaşdan goşuň.

3. 2 nahar çemçesi Cajun tagamyny kepiriň üstüne sepiň we marinat ediň.

4. Uly gazanda 3 nahar çemçesi gaz alyň we çorbalary orta otda bişirmeli.

5. Bir çemçe karam gül güllerini bir tabaga we üstünde gowrulan karides bilen goýuň.

Iýmitleniş maglumatlary:Kaloriýa 107 Uglewodlar: 1 g Fatag: 3 g Belok: 20 gr

Brokoli tunusynyň bölekleri: 1

Bişirmek wagty: 10 minut

Goşundylar:

1 nahar çemçesi. Artykmaç zeýtun ýagy

3 oz. Suwdaky tunes, has gowusy ýeňil we çeňňek, 1 nahar çemçesi gurady. Gaty hoz

2 stakan brokkoli, inçe kesilen

½ çemçe. Gyzgyn sous

Görkezmeler:

1. Brokkoly, tagamlary we tunany uly garyşýan gaba gowy birleşdirýänçä garmaly.

2. Soňra gök önümleri mikrotolkunda 3 minut ýa-da ýumşak bolýança bişirmeli

3. Soňra hoz bilen zeýtun ýagyny bir tabaga garmaly we gowy garmaly.

4. Hyzmat ediň we lezzet alyň.

Iýmitleniş maglumatlary:Kaloriýa 259 Kkal beloklar: 27,1 g Uglewodlar: 12,9 g ýaglar: 12,4 gr

Käşir hyzmaty bilen çörek sogan çorbasy: 4

Bişirmek wagty: 20 minut

Goşundylar:

3 nahar çemçesi duzlanmadyk ýag

1 ownuk gyzyl sogan, inçe kesilen

1 sany sarymsak, dilimlenen

1 çaý çemçesi zerdejik

1 çaý çemçesi duz

¼ çaý çemçesi täze ýer gara burç

3 käse gök önüm çorbasy

2 stakan gabygy gabykly sogan, ¼ dýuým kublara kesilen 1 funt bişirilen gabykly karides, gerek bolsa 1 stakan süýjedilmedik badam süýdüni eritmeli

¼ käse çüýrän badam (islege görä)

2 nahar çemçesi inçe dogralan täze petruşka 2 çaý çemçesi grated ýa-da dogralan limon gabygy

Görkezmeler:

1. butteragy ýokary otda uly gazanda erediň.

2. Gök önümler ýumşak we aç-açan bolýança 5-7 minut sogan, sarymsak, zerdeçal, duz we burç we sous goşuň.

3. Çorba we kädi goşup gaýnadyň.

4. 5 minut gaýnatmaly.

5. Käşir we badam süýdüni goşuň we gyzdyrylýança 2 minut töweregi bişirmeli.

6. Badam (ulanýan bolsaňyz), petruşka we limon sepiň we hyzmat ediň.

Iýmitleniş maglumatlary:Kaloriýa 275 Jemi ýag: 12 g Jemi ugler: 12 g Şeker: 3 g Süýüm: 2 g Belok: 30 g Natriý: 1665 mg

Lezzetli hindi toplary, porsiýa: 6

Bişirmek wagty: 30 minut

Goşundylar:

1 funt toprak

½ stakan täze çörek bölekleri, ak ýa-da bugdaý ½ käse Parmesan peýniri, täze grated

½ çemçe. reyhan, täze dogralan

½ çemçe. oregano, täze dogralan

1 sany uly ýumurtga

1 nahar çemçesi. petruşka, täze dogralan

3 nahar çemçesi süýt ýa-da suw

Biraz duz we burç

Täze çorba hozy

Görkezmeler:

1. Peçini 350 ° F çenli gyzdyryň.

2. Iki sany çörek bişirilýän kagyzy çörek kagyzy bilen çyzyň.

3. ingredhli ingredientleri uly garyşyk gaba birleşdiriň.

4. Garyndyny 1 dýuým topa emele getiriň we her topy çörek bişirilýän kagyzyň üstünde goýuň.

5. Gazany ojakda goýuň.

6. 30 minut bişirmeli ýa-da hindi towugy bişýänçä we üstüne gyzarýança bişirmeli.

7. Çorbalary bişirmek arkaly ýarym gezek öwrüň.

Iýmitleniş maglumatlary:Kaloriýa: 517 kaloriýa Fatag: 17,2 g Belok: 38,7 g Uglewodlar: 52,7 g Süýüm: 1 g

Aç-açan gysgyçlaryň bölekleri: 4

Bişirmek wagty: 15 minut

Goşundylar:

2 nahar çemçesi duzlanmadyk ýag

½ dýuým böleklere bölünen 2 sany orta käşir

Inçe dilimlenen 2 sany selderýa sapagy

¼ dýuým kublara bölünen 1 sany ownuk gyzyl sogan

2 sany sarymsak gaby, dilimlenen

2 käse gök önüm çorbasy

1 (8 oz) çüýşe gysgyç şiresi

1 (10 oz) karton gap

½ çemçe guradylan kekik

½ çemçe duz

¼ çaý çemçesi täze ýer gara burç

Görkezmeler:

1. butteragy ýokary otda uly gazanda erediň.

2. Käşir, selderey, sogan, sarymsak we sousy biraz ýumşaýança 2-3 minut goşuň.

3. Çorba we gysgyç şiresi goşup gaýnadyň.

4. Käşir ýumşaýança gaýnadyň we 3-5 minut bişirmeli.

5. gysgyçlary we olaryň şirelerini, kekini, duzy we burçuny garmaly, 2-3 minut gyzdyryň we hyzmat ediň.

Iýmitleniş maglumatlary:Kaloriýa 156 Jemi ýag: 7 g Jemi ugler: 7 g Şeker: 3 g Süýüm: 1 g Belok: 14 g Natriý: 981 mg

Tüwi we towuk küýzeleri: 4

Bişirmek wagty: 25 minut

Goşundylar:

1 funt erkin aralyk towuk göwsi, süňksiz, derisiz ¼ käse goňur tüwi

Selected funt saýlanan kömelek

1 leňňe, dogralan

¼ käse badam, dogralan

1 käse suw

1 nahar çemçesi. zeýtun ýagy

1 käse ýaşyl noýba

½ käse alma sirkesi

2 nahar çemçesi. ähli maksatly un

1 käse süýt, az ýag

¼ käse Parmesan peýniri, täze grated

¼ käse gaýmak

Bir çümmük deňiz duzy, zerur bolsa has köp goşuň

tagam üçin ýer gara burç

Görkezmeler:

1. Gazana goňur tüwi guýuň. Suw goşuň. Gaplaň we gaýnadyň. Heatylyny azaldyň, soňra 30 minut gaýnadyň ýa-da tüwi bişýänçä gaýnadyň.

2. Bu aralykda, towugyň döşüni gazana goşuň we ýapmak üçin ýeterlik suw guýuň - möwsümi duz bilen. Garyndyny gaýnadyň, oduny peseldiň we 10 minut gaýnadyň.

3. Towugy kesiň. Bir gapdala goýmak.

4. Zeýtun ýagyny gyzdyryň. Düwürtigi ýumşaýança gaýnadyň. Kömelek goşuň.

5. Garyndynyň içine alma sirkesi guýuň. Sirkäni bugarýança garyndyny gaýnadyň. Gazana un we süýt goşuň.

Parmesan peýnirini üstüne sepiň we gaýmak goşuň. Gara burç bilen möwsüm.

6. Peçini 350 dereja çenli gyzdyryň, gazanyň tabagyny ýeňil ýaglaň.

7. Bişirilen tüwi gazanyň içine, soňra ownuk towuk we ýaşyl noýba goýuň. Kömelek we süle sousy goşuň.

Badam goşuň.

8. 20 minut bişirmeli ýa-da altyn goňur bolýança bişirmeli. Hyzmat etmezden ozal sowamaga rugsat beriň.

Iýmitleniş maglumatlary:Kaloriýa 401 Uglewodlar: 54 g Fatag: 12 g Belok: 20 gr

Bişen karides Jambalaýa Maş bölekleri: 4

Bişirmek wagty: 30 minut

Goşundylar:

10 oz. gabygy

¼ käse selderisi, dogralan ½ käse sogan, dogralan

1 nahar çemçesi. ýag ýa-da ýag ¼ çaý çemçesi sarymsak, dogralan

¼ çaý çemçesi sogan sogan ýa-da deñiz duzy

⅓ käse pomidor sousy ½ çaý çemçesi kakadylan paprika

½ tsp Worcestershire sousy

⅔ käse käşir, dogralan

1¼ stakan towuk kolbasa, öñünden taýýarlanan we dogralan 2 stakan mekgejöwen, bir gije siñdirilen we 2 stakan okra, dogralan

Biraz ezilen gyzyl we gara burç Parmesan peýniri, üstüne atylýar (islege görä)<u>Görkezmeler:</u>

1. Krepkany, selderini we sogany ýagda bir gazanda orta otda bäş minutlap ýa-da karides gülgüne öwrülýançä gowurmaly.

2. Galan maddalary goşuň we ýene 10-a gaýnadyň

minutlar ýa-da gök önümler ýumşaýança.

3. Hyzmat etmek üçin jambalaýa garyndysyny dört hyzmat edýän jamyň arasynda deň bölüň.

4. Isleseňiz, üstüne burç we peýnir sepiň.

Iýmitleniş maglumatlary:Kaloriýa: 529: ag: 17,6 g Belok: 26,4 g Karbalar: 98,4 g Süýüm: 32,3 g

Towuk çili porsy: 6

Bişirmek wagty: 1 sagat

Goşundylar:

1 sary sogan, dogralan

2 nahar çemçesi zeýtun ýagy

2 sany sarymsak gaby, dogralan

1 kilo towuk göwsi, derisiz, süňksiz we dogralan 1 ýaşyl burç, dogralan

2 käse towuk çorbasy

1 nahar çemçesi kakao tozy

2 nahar çemçesi çili tozy

1 nahar çemçe paprika

1 käse konserwirlenen pomidor, dogralan

1 nahar çemçesi silantro, dogralan

Bir çümmük duz we gara burç

Görkezmeler:

1. Gazany orta otda gyzdyryp, sogan we sarymsak goşup, 5 minut gowurmaly.

2. Et we goňur goşuň, ýene 5 minut.

3. Galan maddalary goşuň, garmaly, orta otda 40 minut bişirmeli.

4. Çilini tabaklara bölüň we günortanlyk naharyna hyzmat ediň.

<u>Iýmitleniş maglumatlary:</u>kaloriýa 300, ýag 2, süýüm 10, uglewodlar 15, belok 11

Sarymsak we mekgejöwen çorbasy: 4

Bişirmek wagty: 15 minut

Goşundylar:

2 nahar çemçesi goşmaça zeýtun ýagy

Inçe dilimlenen 2 sany orta käşir

¼ dýuým kublara bölünen 1 sany ownuk ak sogan

Inçe dilimlenen 2 sany sarymsak gaby

1 çaý çemçesi ýer darçyny

1 çaý çemçesi duz

¼ çaý çemçesi täze ýer gara burç

3 käse gök önüm çorbasy

1 (15 oz.) 1 nahar çemçesi dogralan ýa-da grated apelsin zestini mekgejöwen, guradyp we ýuwup biler.

¼ käse dogralan hoz (islege görä)

2 nahar çemçesi inçe kesilen täze tekiz ýaprakly petruşkaGörkezmeler:

1. largeagy uly otda uly otda gyzdyryň.

2. Käşir, sogan, sarymsak we ýumşaýança goňur goşuň, 5-7 minut.

3. Darçyny, duzy we burç goşuň we gök önümleri deň derejede örtmek üçin 1-2 minut zyňyň.

4. Çorbany goýuň we gaýnadyň. Gaýnadyň, mekgejöwen goşuň we 1 minut bişirmeli.

5. Pyrtykal garyndyny garmaly we hyzmat ediň, hoz (sepýän bolsaňyz) we petruşka sepiň.

<u>Iýmitleniş maglumatlary:</u>Kaloriýa 201 Jemi ýag: 8 g Jemi ugler: 22 g Şeker: 4 g Süýüm: 8 g Belok: 11 g Natriý: 1178 mg

Klassiki Santa Fe-da gowrulan nahar we towuk

Bölümler: 2

Bişirmek wagty: 15 minut

Goşundylar:

1 nahar çemçesi. zeýtun ýagy

2 sany towuk göwsi, dilimlenen

1 sogan, ownuk, dogralan

2 sany sogan sarymsak, dogralan 1 nahar, dogralan ½ käse käşir, dogralan

1 nahar çemçesi, kakadylan 1 nahar kimyon, ýer

½ çaý çemçesi çili tozy ¼ çaý çemçesi deňiz duzy

2 nahar çemçesi. täze hek şiresi

¼ käse silantro, täze dogralan

Goňur tüwi ýa-da kwino bilen hyzmat ediň

Görkezmeler:

1. Towugy zeýtun ýagynda 3 minut töweregi towuk goňur bolýança goňur. Bir gapdala goýmak.

2. Şol bir garny ulanyň we sogan we sarymsak goşuň.

3. Sogan ýumşaýança bişirmeli.

4. Käşir we nahar goşuň.

5. Garyndyny garmaly we ýene bir minut bişirmeli.

6. Garyndynyň içine ähli ysly zatlary goşuň we ýene bir minut garmaly.

7. Towugy gabyň içine gaýtaryň we hek suwuna guýuň.

8. Hemme zat bişýänçä bişirmeli.

9. Hyzmat etmek üçin garyndyny bişirilen tüwiniň ýa-da kwinanyň üstüne we üstüne täze dogralan silantro bilen goýuň.

Iýmitleniş maglumatlary:Kaloriýa: 191 Fatag: 5,3 g Belok: 11,9 g Karb: 26,3 g Süýüm: 2,5 gr

Ajaýyp zynjyr-künji geýimi bilen Tilapia takoslary

Bölümler: 4

Bişirmek wagty: 5 sagat

Goşundylar:

1 çaý çemçesi täze zynjyr, grated

1 çaý çemçesi stewiýany dadyp görmek üçin duz we täze ýer gara burç

1 nahar çemçesi soýa sousy

1 nahar çemçesi zeýtun ýagy

1 nahar çemçesi limon suwy

1 nahar çemçesi ýönekeý gatyk

1½ funt tilapiýa filetleri

1 käse coleslaw garyndysy

Görkezmeler:

1. Basyş ojagyny açyň, tilapiýa filetlerinden we koleslaw garyndysyndan başga ähli maddalary goşuň we gowy birleşýänçä garmaly.

2. Soňra filet goşuň, gowy örtülýänçä garmaly, gapagyny ýapyň, düwmä basyň

"haýal aşpez" düwmesini basyň we filetiň ýarysyny öwrüp, 5 sagat bişirmeli.

3. Taýar bolanyňyzda, filetleri tabaga salyň we doly sowadyň.

4. Taýýarlamak üçin koleslaw garyndysyny howa geçirmeýän dört gapda bölüň, tilapiýa goşuň we üç güne çenli sowadyň.

5. Iýmäge taýyn bolanyňyzda, tilapiýany mikrotolkunda gyzdyryň we koleslaw bilen hyzmat ediň.

Iýmitleniş maglumatlary:Kaloriýa 278, umumy ýag 7,4 g, umumy ugler 18,6 g, belok 35,9 g, şeker 1,2 g, süýüm 8,2 g, natriý 194 mg

Karri mekgejöweniniň tagamy: 4

Bişirmek wagty: 15 minut

Goşundylar:

1 nahar çemçesi zeýtun ýagy

1 sogan, dogralan

2 sany sarymsak gaby, dogralan

1 nahar çemçesi organiki köri tagamy

4 stakan organiki pes natriý ösümlik çorbasy 1 stakan gyzyl mekgejöwen

2 stakan kädi, bişirilen

1 käse kale

1 çaý çemçesi zerdejik

Deňiz duzy

Görkezmeler:

1. Orta otda uly gazanda sogan we sarymsak bilen goňur zeýtun ýagyny goşuň. 3 minut gaýnatmaly.

2. Organiki köri tagamyny, gök önümleri we mekgejöweni goşup, gaýnadyň - 10 minut bişirmeli.

3. Bişirilen kädini we kalejini garmaly.

4. Tagamyna zerdeçal we deňiz duzuny goşuň.

5. warmyly hyzmat ediň.

Iýmitleniş maglumatlary:Uglewodlaryň jemi 41 g Süýüm: 13 g Belok: 16 g Jemi ýag: 4 g Kaloriýa: 252

Taýýar towuk örtükli Kale Sezar salady

Hyzmatlar: 2

Bişirmek wagty: 20 minut

Goşundylar:

6 stakan kale, dişli ululykda kesilen ½ ýumurtga; bişirildi

8 uns gril towuk, inçejik dilimlenen

½ tsp Dijon gorçisa

¾ käse Parmesan peýniri, inçe kesilen

ýer gara burç

köşer duzy

1 sarymsak, dogralan

Çöreklenen 1 käse alça pomidor

1/8 käse limon suwy, täze gysylan

2 sany uly garynja ýa-da iki sany "Lavash" çörek

1 çaý çemçesi agave ýa-da bal

1/8 käse zeýtun ýagy

Görkezmeler:

1. Uly garylan gapda ýumurtganyň ýarysyny gorçisa, ownuk sarymsak, bal, zeýtun ýagy we limon suwy bilen garmaly. Dowamlylyk ýaly sous alýançaňyz çaýlaň. Tagamy üçin burç we duz bilen möwsüm.

2. Çerkez pomidor, towuk we kale goşuň; Sous bilen gowy örtülýänçä ýuwaşja atyň, soňra ¼ käse Parmesan goşuň.

3. Çörek çöreklerini ýaýradyň we taýýar salady gaplaryň üstünde deň derejede ýaýlaň; hersiniň üstüne ¼ käse Parmesan sepiň.

4. Örtükleri togalap, iki bölege bölüň. Derrew hyzmat ediň we lezzet alyň.

<u>Iýmitleniş maglumatlary:</u>kkal 511 ýaglar: 29 g süýümler: 2,8 g Beloklar: 50 gr

Ysmanak salat naharlary: 1

Bişirmek wagty: 5 minut

Goşundylar:

1 käse täze ysmanak

¼ käse konserwirlenen gara noýba

½ käse konserwirlenen garbanzo noýbasy

½ käse kremini kömelekleri

2 nahar çemçesi organiki balsamik winaigrette 1 nahar çemçesi zeýtun ýagy

Görkezmeler:

1. Kremini kömeleklerini zeýtun ýagynda pes otda 5 minut bişirmeli.

2. Salatany tabaga täze ysmanak goşup, noýba, kömelek we balzam winaigrette zyňyň.

Iýmitleniş maglumatlary:Jemi ugler 26g süýüm: 8g belok: 9g Jemi ýag: 15g kaloriýa: 274

Gabykly lososyň hoz we bibariya bilen bölekleri: 6

Bişirmek wagty: 20 minut

Goşundylar:

1 Sarymsagyň bir gaby

1 nahar çemçesi Dijon gorçisa

¼ nahar çemçesi limon zest

1 nahar çemçesi Limon suwy

1 nahar çemçesi täze bibariya

1/2 nahar çemçesi bal

Zeýtun ýagy

Täze petruşka

3 nahar çemçesi dogralan hoz

1 funt derisiz losos

1 nahar çemçesi täze ýer gyzyl burç

Duz burç

Bezeg üçin limon dilimleri

3 nahar çemçesi Panko çörek bölekleri

1 nahar çemçesi goşmaça zeýtun ýagy

Görkezmeler:

1. Çörek bişirilýän kagyzy ojakda goýuň we 240C çenli gyzdyryň.

2. Bir tabakda gorçisa pastasy, sarymsak, duz, zeýtun ýagy, bal, limon suwy, ezilen gyzyl burç, bibariýa, turş baly bir gaba garmaly.

3. Panko, hoz we ýagy birleşdirip, çörek bişirilýän kagyzyň içine inçejik balyk ýaýyň. Zeýtun ýagyny balygyň iki gapdalynda deň derejede çalyň.

4. Hoz garyndysyny lososyň üstüne we gorçisa garyndysyny goýuň.

5. Sogan, takmynan 12 minut bişirmeli. Täze petruşka we limon pürsleri bilen bezeliň we gyzgyn hyzmat ediň.

<u>Iýmitleniş maglumatlary:</u>Kaloriýa 227 Uglewodlar: 0 g Fatag: 12 g Belok: 29 gr

Gyzyl tahini sousy bilen bişirilen süýji kartoşka

Hyzmatlary: 4

Bişirmek wagty: 30 minut

Goşundylar:

15 unsiýa konserwirlenen nohut

4 Orta ölçegli süýji kartoşka

½ nahar çemçesi Zeýtun ýagy

1 çümmük duz

1 nahar çemçesi hek şiresi

Sarymsak ösümlik sousy üçin 1/2 nahar kimyon, koriander we paprika tozy

¼ käse tahini sousy

½ nahar çemçesi hek şiresi

3 sany sarymsak

Dadyp görmek üçin duz

Görkezmeler:

1. Peçini 204 ° C çenli gyzdyryň. Nohutlary duz, ysly zatlar we zeýtun ýagyna atyň. Olary folga bilen ýaýlaň.

2. Inçe süýji kartoşka dilimlerini ýag bilen ýuwuň we marinadlanan noýbanyň üstüne goýuň we bişiriň.

3. Sous üçin ähli garyndylary bir gaba garmaly. Oňa biraz suw goşuň, ýöne galyňlykda saklaň.

4. Süýji kartoşkany 25 minutdan soň ojakdan çykaryň.

5. Bu bişirilen süýji kartoşka nohut salatyny gyzgyn sarymsak bilen bezeliň.

Iýmitleniş maglumatlary:Kaloriýa 90 Uglewodlar: 20 g Fatag: 0 g Belok: 2 gr

Italýan nahar çorbasynyň hyzmatlary: 4

Bişirmek wagty: 15 minut

Goşundylar:

3 nahar çemçesi goşmaça bakja zeýtun ýagy

Inçe dilimlenen 1 ownuk gyzyl sogan

1 sarymsak, dogralan

1 käse dogralan gök

1 käse dogralan sary gök

½ käse kesilen käşir

3 käse gök önüm çorbasy

1 çaý çemçesi duz

2 nahar çemçesi inçejik dogralan täze reyhan

1 nahar çemçesi inçejik dogralan täze çaýlar

2 nahar çemçesi sosna hozy

Görkezmeler:

1. largeagy uly otda uly otda gyzdyryň.

2. Sogan we sarymsak goşup, ýumşaýança 5-7 minut gowurmaly.

3. Zerini, sary gök we käşir we sousy ýumşaýança 1-2 minut goşuň.

4. Çorba we duz goşup gaýnadyň. 1-2 minut gaýnatmaly.

5. Feslewi we çaýlary garmaly we sosna hozy bilen sepilen hyzmat ediň.

<u>Iýmitleniş maglumatlary:</u>Kaloriýa 172 Jemi ýag: 15 g Jemi ugler: 6 g Şeker: 3 g Süýüm: 2 g Belok: 5 g Natriý: 1170 mg

Safron we losos çorbasy porsy: 4

Bişirmek wagty: 20 minut

Goşundylar:

¼ käse goşmaça zeýtun ýagy

2 leňňe, diňe ak bölekler, inçejik dilimlenen

Inçe dilimlenen 2 sany orta käşir

Inçe dilimlenen 2 sany sarymsak gaby

4 käse gök önüm çorbasy

1 dýuým böleklere 1 çaý çemçesi duz kesilen 1 funt derisiz losos filesi

¼ çaý çemçesi täze ýer gara burç

¼ çaý çemçesi safran sapaklary

2 käse çaga ysmanak

½ käse gury ak şerap

2 nahar çemçesi dogralan gabyk, ak we ýaşyl bölekler 2 nahar çemçesi inçe kesilen täze tekiz petruşkaGörkezmeler:

1. oilagy uly gazanda gyzdyryň.

2. 5-7, ýumşaýança sülük, käşir we sarymsak goşuň minut.

3. Çorbany döküň we gaýnadyň.

4. Sogan, duz, burç we safran gaýnadyň we goşuň. Sogan, bişýänçä, takmynan 8 minut bişirmeli.

5. Ysmanak, çakyr, gabyk we petruşka goşuň we ysmanak süpürilýänçä bişiriň (1-2 minut) we hyzmat ediň.

Iýmitleniş maglumatlary:Kaloriýa 418 Jemi ýag: 26 g Jemi ugler: 13 g Şeker: 4 g Süýüm: 2 g Belok: 29 g Natriý: 1455 mg

Taý tagamly gyzgyn we turş karides we kömelek çorbasy

Hyzmatlar: 6

Bişirmek wagty: 38 minut

Goşundylar:

3 nahar çemçesi duzlanmadyk ýag

1 funt gysga, gabykly we dogralan

2 çaý çemçesi dogralan sarymsak

1 dýuým bölek zynjyr köküü, gabykly

1 orta sogan, dogralan

1 gyzyl taý çili, dogralan

1 sapak limon oty

½ çemçe täze hek zesti

5 käse towuk ätiýaçlygyny dadyp görmek üçin duz we täze ýer gara burç

1 nahar çemçesi kokos ýagy

½ funt kremini kömelekleri, dilimlenen

1 kiçi ýaşyl gök

2 nahar çemçesi täze hek suwy

2 nahar çemçesi balyk sousy

Thai täze taý taýy, dogralan

Fresh täze silantro, dogralan

Görkezmeler:

1. Uly gazana alyň, orta otda goýuň, ýag goşuň we eredensoň, sogan, sarymsak, zynjyr, sogan, çilli, limon we hek zemini, duz we gara burç bilen möwsüm goşuň we 3 minut bişirmeli; .

2. Çorbany döküň, 30 minut gaýnadyň we süzüň.

3. Orta otda uly tabak alyň, ýag goşuň we gyzgyn kömelek we nahar goşuň, duz we gara burç bilen möwsüm goşuň we 3 minut bişirmeli.

4. Käşir garyndysyny gazana goşuň, 2 minut gaýnadyň, hek şiresi we balyk sousy bilen çalyň we 1 minut bişirmeli.

5. Dadyp görmek üçin möwsüm, soňra gazany otdan çykaryň, koriander we reyhan bilen bezeliň we hyzmat ediň.

<u>Iýmitleniş maglumatlary:</u>Kaloriýa 223, umumy ýag 10,2 g, umumy ugler 8,7 g, belok 23 g, şeker 3,6 g, natriý 1128 mg

Gün bilen guradylan pomidor bilen Orzo

Goşundylar:

3/4 dýuým böleklere bölünen 1 funt süňksiz derisiz towuk göwsi

1 nahar çemçesi + 1 çaý çemçesi zeýtun ýagy

Duz we gara burç

2 sany sarymsak gaby, dogralan

1/4 käse (8 unsiýa) gury orzo makaron

2 3/4 stakan az natriý towuk ätiýaçlygy, şu wagt has köp dürli (adaty aksiýany ulanmaň, gaty duzly) 1/3 stakan güne guradylan pomidor bölekleri ýagda otlar bilen doldurylýar (takmynan 12 bölek. artykmaç ýagdan), iýmit prosessorynda ownuk dogralan

1/2-den 3/4 stakana inçe kesilen Parmesan kedr, tagamy üçin 1/3 stakan dogralan täze reyhan

Görkezmeler:

1. Orta naharda 1 nahar çemçesi zeýtun ýagyny gowurmaly.

2. Towuk ýalpyldawuk bolanda, duz we burç bilen sähelçe möwsüm ediň we ýalpyldawuk bolýança bişirmeli. Bu pursatda takmynan 3 minut agdaryň we

ýalpyldawuk we garaňky bolýança, takmynan 3 minut bişirmeli. Towugy bir tabaga geçiriň, ýyly bolmagy üçin folga bilen ýapyň.

3. Bu wagt gowurmak üçin gazana 1 çaý çemçesi zeýtun ýagyny goşuň, sarymsagy we goňurlygy 20 sekuntda ýa-da aç-açan gyzarýança goşuň, şol wagt gazanda bişirilen bölekleri döwüp, towuk şirelerini guýuň.

4. Bu pursatda ätiýaçlygy gaýnadyň, orzo makaronyny goşuň, ýapylan tabaga ýylylygy azaldyň we 5 minutlap ýuwaşlyk bilen köpürmeli, orzo ýumşaýança 5 minut töweregi garyşdyryň we köpüräk dowam ediň. has uzyn, wagtal-wagtal garyşýar (azajyk şiresi bar bolsa süzmän, biraz şireli bolar).

5. Makaron bişirilenden soň, towuga orzo bilen zyňyň, otdan çykaryň. Parmesan kedrini goşuň we eränçä garmaly, soňra gün guradylan pomidor, reyhan we möwsümde garmaly

burç (duz çagyrmaly däl, gerek bolsa biraz goşuň).

6. Islän wagtyňyz şire goşuň (makaron dynç alýar, köp suwuklygy siňdirýär, biraz artykmaç haladym, şonuň üçin birneme goşdum). Warmyly hyzmat et.

Kömelek we tomzak çorbasynyň hyzmaty: 4

Bişirmek wagty: 40 minut

Goşundylar:

2 nahar çemçesi zeýtun ýagy

1 sary sogan, dogralan

2 tomzak, gabykly we uly kublara kesilen

1 funt ak kömelek, dilimlenen

2 sany sarymsak gaby, dogralan

1 nahar çemçesi pomidor pastasy

5 käse gök önüm çorbasy

1 nahar çemçesi petruşka, dogralan

Görkezmeler:

1. Gazany orta otda gyzdyryp, sogan we sarymsak goşup, 5 minut gowurmaly.

2. Kömelek goşuň, bulamaly we ýene 5 minut gowurmaly.

3. Çigidini we beýleki maddalary goşuň, gaýnadyň we orta otda ýene 30 minut gyzdyryň, wagtal-wagtal garyşdyryň.

4. Çorbany tabaklara guýuň we hyzmat ediň.

Iýmitleniş maglumatlary:kaloriýa 300, ýag 5, süýüm 9, uglewodlar 8, belok 7

Towuk Parmesan köftesi üçin maddalar:

2 funt ýer towugy

3/4 käse panko çörek bölekleri glýutsiz panko gowy işleýär 1/4 stakan inçe kesilen sogan

2 nahar çemçesi dogralan petruşka

2 sany sarymsak gyrgyç dograldy

1 çaý çemçesi 2 ýumurtga

3/4 käse döwülen pecorino romano ýa-da Parmesan kedr 1 çaý çemçesi gödek duz

1/2 çaý çemçesi gara burç, bir çemçe

Bäş minutlyk Marinara sousundan 1 litr

4-6 oz mozarella, böleklere bölünýär

Görkezmeler:

1. Broýeri ýokarky üçden birine ýerleşdirip, ojagy 400 dereje gyzdyryň. Uly tabakda, marinara we mozarelladan başga zatlary birleşdiriň. Elleriňizi ýa-da ullakan çemçe bilen ýuwaşlyk bilen garmaly. Ownuk köfte çalyň we folga bilen örtülen çörek bişirilýän kagyzyň üstünde goýuň. Çorbalary laýyk bolar

ýaly, tabaga ýakyn ýerde goýuň. Her köfte ýarym çemçe çemçe sous bilen üstüňize. 15 minut gyzdyryň.

2. Köfteleri peçden çykaryň we bişirmek üçin broýleriň temperaturasyny ýokarlandyryň. Her köfteň üstüne ýarym nahar çemçesi sous guýuň we üstüne biraz mozarella sepiň. (Kiçijik bölekleri takmynan 1 dýuým böleklere bölýärin.) Kedr ýumşaýança we altyn goňur bolýança ýene 3 minut gaýnadyň. Goşmaça sous bilen hyzmat ediň. Baha beriň!

Alla Parmigiana Meýtbollar üçin maddalar:

Köfte üçin

1,5 funt ýer gamburger (80/20)

2 nahar çemçesi gysga petruşka, dogralan

3/4 käse grated parmesan kedr

1/2 stakan badam uny

2 ýumurtga

1 çaý çemçesi laýyk duz

1/4 çaý çemçesi ýer gara burç

1/4 nahar sarymsak tozy

1 çaý çemçesi guradylan sogan

1/4 çaý çemçesi guradylan oregano

1/2 stakan ýyly suw

Parmigiana üçin

1 stakan ýönekeý keto marinara sousy (ýa-da ýerli şekerli marinara)

4 oz mozzarella çeddar

Görkezmeler:

1. Köfte garyndylarynyň hemmesini ullakan tabaga birleşdiriň we gowy garmaly.

2. On bäş 2 dýuým köfte şekillendiriň.

3. 350 dereje (F) 20 minut bişirmeli ýa-da bişýänçä orta otda ullakan skeletde gowurmaly. Ace maslahat - eger bar bolsa, doňuz ýagynda gowurmaga synanyşyň - başga bir tagam berýär. "Fricasseeing" ýokardaky suratlarda görnüp duran ýalpyldawuk gara reňk berýär.

4. Parmigiana üçin:

5. Bişirilen köfteleri ojakdan goraýan tabaga goýuň.

6. Her köfte üstünde 1 nahar çemçesi sous çemçe.

7. Her tarapa 1/4 unsiýa mozarella kedrini ýaýlaň.

8. 350 dereje (F) 20 minut (köfte gurnalan bolsa 40 minut) ýa-da gyzdyrylýança we kedr ýalpyldawuk bolýança bişirmeli.

9. Islän wagtyňyz täze petruşka bilen bezeliň.

Altyn gök önümler bilen örtükli hindi towugy

Bölümler: 4

Bişirmek wagty: 45 minut

Goşundylar:

2 nahar çemçesi duzlanmadyk ýag, otagyň temperaturasy 1 orta akorn gök, tohumly we inçe dilimlenen 2 sany uly altyn şugundyr, gabykly we inçe dilimlenen ½ orta sary sogan, inçe dilimlenen;

½ süňksiz, deriniň üstündäki hindi göwsi (1-2 funt) 2 nahar çemçesi bal

1 çaý çemçesi duz

1 çaý çemçesi zerdejik

¼ çaý çemçesi täze ýer gara burç

1 käse towuk ýa-da gök önüm çorbasy

Görkezmeler:

1. Peçini 400 ° F çenli gyzdyryň. Çörek çöregini ýag bilen ýaglaň.

2. Kädi, şugundyry we sogany çörek bişirilýän kagyzyň üstünde goýuň. Kepjäniň derisini ýokaryk goýuň. Bal bilen damja.

Duz, zerdeçal we burç bilen möwsüm we çorba goşuň.

3. Kepjebaş 165 ° F-da merkezde derrew okalýan termometr bilen 35-den 45 minuta çenli hasaba alyň. Aýyryň we 5 minut dynç alyň.

4. Dilimläň we hyzmat ediň.

Iýmitleniş maglumatlary:Kaloriýa 383 Jemi ýag: 15 g Jemi ugler: 25 g Şeker: 13 g Süýüm: 3 g Belok: 37 g Natriý: 748 mg

Gaýnadylan tüwi bilen kokos ýaşyl köri

Hyzmatlar: 8

Bişirmek wagty: 20 minut

Goşundylar:

2 nahar çemçesi Zeýtun ýagy

12 unsiýa tofu

2 sany orta süýji kartoşka (kesilen)

Duz - dadyp görmek

314 oz kokos süýdü

4 nahar çemçesi ýaşyl köri pastasy

3 käse brokkoli gülleri

Görkezmeler:

1. Tofudan artykmaç suwy çykaryň we orta otda gowurmaly. Oňa duz goşup, 12 minut gowurmaly.

2. Kokos süýdüni, ýaşyl köri pastasyny we süýji kartoşkany orta otda gaýnadyň we 5 minut gaýnadyň.

3. Indi oňa brokkoli we tofu goşuň we brokkoliniň reňki üýtgänçä 5 minut töweregi bişirmeli.

4. Bu kokos we ýaşyl köri bir ujy bişirilen tüwi we köp kişmiş bilen hyzmat ediň.

Iýmitleniş maglumatlary:Kaloriýa 170 Uglewodlar: 34 g Fatag: 2 g Belok: 3 gr

Enter ýüzi bilen süýji kartoşka we towuk çorbasy: 6

Bişirmek wagty: 35 minut

Goşundylar:

10 sany selderýa

1 Öýde ýasalan ýa-da gowrulan towuk

2 sany orta süýji kartoşka

5 oz fransuz mekgejöweni

2 nahar çemçesi Täze hek şiresi

Es Eskaroldan agzy

6 inçe dilimlenen sarymsak gaby

½ käse ukrop (inçe kesilen)

1 nahar çemçesi köşer duzy

2 nahar çemçesi goşmaça bakja ýagy

Görkezmeler:

1. 8 unsiýa duz, towuk karkasy, mekgejöwen we süýji kartoşka goşuň we ýokary otda gaýnadyň.

2. Bu zatlary takmynan 10-12 minut bişirmeli we ähli köpügini gabyň.

3. Sarymsagy we selderini ýagda 10 minut töweregi ýumşaýança bişirmeli

we açyk goňur, soňra dogralan gowrulan towuk goşuň.

4. Bu garyndyny eskarol çorbasyna goşuň we 5 sagat yzygiderli garmaly

orta otda minut.

5. Limon suwuny goşup, ukropda garmaly. Möwsümiň gyzgyn çorbasyny duz bilen hyzmat ediň.

<u>Iýmitleniş maglumatlary:</u>Kaloriýa 310 Uglewodlar: 45 g Fatag: 11 g Belok: 13 gr